王建平 著

我们身边的易经思维

南方日报出版社
NANFANG DAILY PRESS

中国·广州

图书在版编目（CIP）数据

我们身边的易经思维 / 王建平著. --广州：南方日报出版社，2021.1
ISBN 978-7-5491-2317-9

Ⅰ.①我… Ⅱ.①王… Ⅲ.①《周易》－研究 Ⅳ.①B221.5

中国版本图书馆CIP数据核字（2020）第256948号

WOMEN SHENBIAN DE YIJING SIWEI

我们身边的易经思维

著　　者：	王建平
出版发行：	南方日报出版社
地　　址：	广州市广州大道中289号
出 版 人：	周山丹
责任编辑：	刘志一　郭海珊
装帧设计：	邓晓童
责任校对：	魏智宏
责任技编：	王　兰
经　　销：	全国新华书店
印　　刷：	广东信源彩色印务有限公司
开　　本：	787mm×1092mm　1/16
印　　张：	13.75
字　　数：	194千字
版　　次：	2021年1月第1版
印　　次：	2021年1月第1次印刷
定　　价：	38.00元

投稿热线：（020）87360640　　读者热线：（020）87363865
发现印装质量问题，影响阅读，请与承印厂联系调换。

前　言

《易经》是一部古老而神秘的书，广为人知，被称作群经之首、文化之源。民间普遍认为《易经》只是算卦、看风水的书，其实不然。在《周易·系辞上》中有一句话："一阴一阳之谓道……百姓日用而不知，故君子之道鲜矣。"翻译成现代汉语就是，一阴一阳对立、互根、转化，运动不息就是道，这个道就是规律，老百姓每天都在应用阴阳之道，却不一定认识它，而认识到这种规律之大道的人就更少之又少了。

"一阴一阳之谓道"概括了《易经》全部的秘密。可以毫不夸张地说，《易经》打造了中国人的思维模式和思维习惯。正是有了《易经》的影响，我们中国人的思维直到今天还是"阴阳鱼"式的、S型的，从来不会直来直去，而是讲究迂回进入、张弛有度、过犹不及、以退为进、物极必反、内方外圆……这种思维方式是中国传统文化的具体表现，它汇集了数千年来中华文化的精华。

2019年5月，习近平主席在亚洲文明对话大会指出，自古以来，中华文明在继承创新中不断发展，在应时而变中不断升华，积淀着中华民族最深沉的精神追求，是中华民族生生不息、发展壮大的丰厚滋养。中国的造纸术、火药、印刷术、指南针、天文历法、哲学思想、民本理念等在世界上影响深远，有力推动了人类文明的发展进程。从历史上的佛教东传、"伊儒会通"，到近代以来的"西学东渐"、新文化运动、马克思主义和社会主义思想传入中国，再到改革开放以来全方位对外开放，中华文明始终在兼收并蓄中历久弥新。亲仁善邻、协和万邦是中华文明一贯的处世之道，惠民利民、安民富民是中华文明鲜明的价值导向，革故鼎新、与时俱进是中华文明永恒的精神气质，道法自然、天人合一是中华文明内在的生存理念。

国学大师曾仕强先生认为，中国人的观念中，三个人一起走路，"中间"为大；说"不三不四"，就是说你"不仁不义"；最深奥的是，中国人认为"阴阳"是一个东西，不可分割，你中有我，我中有你。而西方人认为，"阴阳"是两个东西，你就是你，我就是我。中国人认为，《论语》就是"家常便饭"的日常道理，《墨子》是底层的道理，《庄子》是中层的道理，《孔子》是上层的道理。什么叫"持经达变"？原则是不能"变"，方法是一定要"变"。所以，《易经》可能是最高明的辩证理论。

中国人总是把任何东西都分成"三段"，如"上、中、下""左、中、右""昨天、今天、明天""过去、现在、将来"。

《易经》的思维方式告诉我们，所有是非对错都是有条件的。在不同的情况之下，对与错随时会发生变化。运用《易经》的思维方式，才能妥善地处理好生活中所遇到的问题。

什么是易经思维？有人问："到底有没有鬼？"回答说："有。"问他："你怎么知道有鬼？"他答："大家都说有鬼，所以当然有鬼。"如果回答说："没有。"问他："为什么没有鬼？"他答："他们都说没有鬼，所以就没有鬼。"这是一分法，是全盘肯定或否定的思维方式。二分法的思维方式是，到底有没有鬼？经过判断，坚持说有，或者说没有，这是是非分明的二分法思维。三分法的思维方式是，到底有没有鬼？有没有标准答案？有，当然有标准答案。心中有鬼，就有鬼；心中没鬼，根本就没有鬼。什么鬼？就是疑神疑鬼。这才是中国人的思维方式，也就是易经思维。

在生活中，我们经常会遇到这样的情况：明明我说的是实话，对方却生气了；明明我是一片好心，对方却对我有意见。

有人举了这么一个例子：儿媳妇买了只鸡，熬了一锅很香的香菇鸡汤。汤煮好了，她很高兴，就大声地问婆婆："妈，您要不要喝香菇鸡汤呢？"婆婆心想："糟糕了，我回答说要，丢儿子的脸，好像我这个婆婆从来没有喝过这么香的汤似的；我说不要，他们小两口就喝光了，我就没得喝了，那也不行。"这个婆婆不好吭声,就坐在那里生闷气,儿媳妇不得其解,也开始生气。问题在哪里呢?儿媳妇压根就不应该问婆婆喝不喝。"您要不要喝香菇鸡汤呢?"这句话是不能问的,这是不敬的。

要怎么办?儿媳妇要把汤盛好了,端到婆婆面前,说:"妈,我不知道这个汤好不好喝,因为我没有经验,您喝喝看,点评点评。"让婆婆很有面子,她才会喝。如果让婆婆没有面子,她宁可不喝。很多年轻媳妇不懂,所以才会拼命怪婆婆脾气不好、架子大。

这就是易经思维的典型应用。中国人专门听你没有说出来的话。"把二看成二"和"把二看成三"最大的区别是二分法和三分法,这是中国人与外国人最大的不同。是与非、对与错,在一些时候有用,但中国的先祖发现,这世界并不是黑白分明的,有时候不是说你对我就错,你错我就对,它永远是黑中有白、白中有黑的。所以古圣先贤早已教育我们要用三分法,比如"三才之道""三生万物"。这个"三",就是除了太极的阴与阳之外还有太极的"S"曲线,老子教育我们"曲则全",所以中国人的思维永远是拐弯的。

作为群经之首的《易经》,对中国人的影响很大,中国人的思维基础、日常用语,很多能在《易经》中找到依据。

易学家寇方墀老师说过:"《易经》有一套符号体系,同样的一组符号,往往隐喻或者象征着多个层面的物象。但是,其内在的道理是相通的,这也反过来影响和塑造中国人的思维。这就是自古以来形成的一种'象'思维模式,它与西方人的逻辑思维大异其趣。"

本书试图对中国人的部分易经思维进行归纳、分析。可以看出,这种思维既深奥又浅显,既复杂又简单。通过这种思维,我们可以感受到《易经》离我们是这么近,平时觉得生拗、晦涩的《易经》就在身边,竟"日用而不知"。所谓"易经思维",实际上是"道法自然"式的思维,是符合自然规律的思维。这种东方的思维模式已融入我们的血液,即使你未读过《易经》,这种思维模式也会反映在你的言谈举止上。

本书中所称"易经"和"周易"是同一个概念。

易经思维涵盖了我们生活的方方面面，本书分析、论述的易经思维也仅仅是它的一个部分。虽然不是很全面，但致力于揭示易经思维的特点，由小见大，由浅入深，把身边"日用而不知"的易经思维尽量生动活泼地展现在读者面前。

王建平

2020 年暮春于苏仙书屋

目　录

第一章　从"春风吹又生"看生生不息之道 / 1
　　龙的传说 / 2
　　一生二　二生三　三生万物 / 6
　　虽死犹生　舍生取义 / 9

第二章　从"万物生化"看阴阳相倚之道 / 11
　　阴阳生万物 / 12
　　头痛不医头 / 17
　　有两把刷子 / 21

第三章　从"水满则溢，月满则亏"看谦卑处世之道 / 27
　　满招损 / 29
　　谦受益 / 33
　　节有度 / 36

第四章　从"天有不测风云"看居安思危之道 / 41
　　生于忧患　死于安乐 / 43
　　祸兮福所倚　福兮祸所伏 / 50
　　未雨绸缪　有备无患 / 53

第五章　从"积善之家必有余庆"看德行仁义之道 / 59

三岁看大 / 60

与人为善 / 63

积德有后福 / 69

第六章　从"身正不怕影子斜"看正人君子之道 / 73

君子爱财　取之有道 / 74

清心寡欲　坐怀不乱 / 78

拥权自重　方能善终 / 80

第七章　从"梅花香自苦寒来"看人生磨砺之道 / 85

万事开头难 / 86

化险成大道 / 89

路遥知马力 / 92

风雨见彩虹 / 95

第八章　从"民不信不立"看信达天下之道 / 101

拉钩上吊，一百年不许变 / 102

一言既出，驷马难追 / 106

你又变卦了 / 109

第九章　从"不偏不倚"看中正和合之道 / 113

居中方能得正 / 115

治大国若烹小鲜 / 118

中不中？中！/ 121

第十章 从"笑一笑，十年少"看乐天知命之道 / 125

  知足者常乐 / 128

  有爱就有乐 / 131

  情绪是心魔 / 136

第十一章 从"真人不露相"看韬光养晦之道 / 139

  磨刀不误砍柴工 / 141

  大丈夫能屈能伸 / 144

  木秀于林易被摧 / 148

第十二章 从"天道无亲，常与善人"看顺天应人之道 / 153

  天意不可违 / 155

  冬至大过年 / 157

  大道法自然 / 161

第十三章 从"神机妙算"看合理预测之道 / 167

  万变不离其宗 / 168

  一叶知秋 / 172

  借东风 / 175

第十四章 从"简简单单才是真"看大道至简之道 / 179

  简易 变易 不易 / 180

  越高级 越简单 / 182

  简由心生 / 186

第十五章 从"左右逢源"看睿智处世之道 / 191

    难得糊涂 / 193

    聪明反被聪明误 / 199

    到什么山唱什么歌 / 202

后记 / 207

第一章

从『春风吹又生』看生生不息之道

我们常会用"野火烧不尽，春风吹又生"来赞美大地的无限生机，赞叹那一望无际的野草在春风吹拂下茁壮生长的壮观景象。这出自唐代诗人白居易《赋得古原草送别》的诗句，极为形象生动地表现了野草顽强的生命力。这种生生不息的进取精神，正是易经思想的具体反映。《周易·乾卦·象》曰："天行健，君子以自强不息。"我们知道，乾卦是《易经》中的第一卦，它代表天，天的特性就是刚健有力。

在"天行健""自强不息"思想的影响下，刚健有为、勤劳勇敢、鞠躬尽瘁、舍生取义的精神，铸成了中华民族的气节，这也是形成民族凝聚力和向心力的一个很重要的因素。

龙的传说

乾为天，乾卦的每一爻说的都是龙。一说是每一爻是一条龙，共六条龙；另一说是一条龙在六个不同阶段的不同状态。不管是一条龙还是六条龙，乾卦是讲龙的卦，这是显而易见的。

乾卦

龙具有很强的进取精神。龙的活动空间几乎是无限的，能上九天揽月，能下五洋捉鳖。龙的形象大多数是飞龙、腾龙或奔龙,这些龙朝气蓬勃,奋发向上,威武不屈,势不可挡。

用龙的刚健、强壮和无所不能来体现"自强不息",再贴切不过。自古以来,龙在中国老百姓的心目中是至高无上的。龙的形象不仅在人们的身边,且已深深融入人们的血液。乾为天,天为龙,龙应天。自强不息、永不停顿是龙的精神,人们取其形,聚其神,成就了中华民族的图腾。千百年来,人们对龙五体投地,尊崇之极。

龙图腾形成的时间,可以上溯到上古伏羲时代。据史书记载,华夏始祖伏羲曾在黄河一带目睹一只龙首马身的异兽,有感而发,于是发明了八卦,并且从此将龙作为部落标记,号称"龙师"。由此,我们就明白为什么《易经》第一卦乾卦的每一爻都在讲龙。

每个中国人都希望自己成龙,自己未能成龙就寄希望于儿女,所谓"望子成龙"。希望把龙的刚健、睿智、豪气、本领接纳于身,融入于体。

"龙的传人"是中国人的自称。龙的形成表现了古代民族发展的聚合过程,起着维系和向心的作用。龙文化已成为东方文化重要的组成部分,为人类文明做出了巨大贡献,中国人常引以为豪。

在《易经》中,乾和天为一体,天与龙也无法分开。历朝历代的君王都自封为"真龙天子";他们的身体称为"龙体";他们的衣服称为"龙袍",上面绣有九条龙;他们坐的椅子叫"龙椅"。在北京故宫里,单是太和殿,就装饰有一万三千多条龙。

描写龙的形象、精神、能力等的文章,自古以来不胜枚举。唐代文学家、政治家韩愈的《龙说》一文更为独树一帜。该文不长,不妨一起来欣赏。

龙嘘气成云,云固弗灵于龙也。然龙乘是气,茫洋穷乎玄间,薄日月,伏光景,感震电,神变化,水下土,汩陵谷,云亦灵怪矣哉!

云,龙之所能使为灵也;若龙之灵,则非云之所能使为灵也。然龙弗得

云，无以神其灵矣。失其所凭依，信不可欤？异哉！其所凭依，乃其所自为也。

《易》曰："云从龙。"既曰龙，云从之矣。

上文大意是：

龙吐气为云，云原来并不是由龙赋予其神灵，但因为龙吐气变成云并乘之，而致使云变化莫测。它能够在宇宙中任何空间飞行，甚至接近日月，遮住它们的光芒。它能驱动雷电，化作雨雪，神奇无比，形成万条江河，流过大山峡谷。云，是多么神奇啊！

是龙的能力使云有灵异的。至于龙的灵异，却不是云的能力使它这样子的。但是龙没有云，就不能显示出其灵异。失去它所凭借的云，实在是不行的。多么奇怪，龙所凭借的，正是它自己造就的云。

《易经》上说："云从龙。"那么，既然叫作龙，就应该有云跟随着它啊。

韩愈这篇文章短小精悍，一气呵成。以龙喻君王，以云喻臣子，阐述君王与臣子之间的关系。全文借龙的云而言志，直抒情怀，意表忠心，充分反映韩愈当时所处的政治环境及他对朝廷的不二忠心。同时，又把《易经》所说的"云从龙"解释得透彻到位，令人信服。

我们且不去详尽分析和探讨《龙说》的风格和意义，单从韩愈对龙的描写，就可以看出他对《易经》的崇拜。韩愈借事说易，借易抒情，借情表心，足见其文字能力、文学造诣、易学功底非常人所能及。

侯德健先生创作的《龙的传人》的歌词，充分体现出中国人对龙的崇敬和家国情怀。部分歌词是这样的：

遥远的东方有一条江
它的名字就叫长江
遥远的东方有一条河
它的名字就叫黄河
古老的东方有一条龙

>它的名字就叫中国
>
>古老的东方有一群人
>
>他们全都是龙的传人
>
>巨龙脚底下我成长
>
>长成以后是龙的传人
>
>黑眼睛黑头发黄皮肤
>
>永永远远是龙的传人

龙是无所不能的。龙是那么强大、神奇，永远充满朝气，生生不息，促使你的内心充满敬畏、虔诚，这种特质日复一日、年复一年地在身体中积蓄和奔腾，直至融进你的血液。

《易经》思维的特点之一，就是变易。变易的思维用在对龙的态度上，可以说是一种绝妙的体现。

你看，人们平时对龙毕恭毕敬，唯恐怠慢。而一到年节，便要将龙拿出来，扎扎实实把这"老家伙"耍一番，这就是中国人的智慧与幽默。

"耍龙"又称"舞龙"，据说在先秦时代已开始流行，至汉代已具相当规模，形式多样，大多包含祈雨祈福的意味，到后来逐渐演变成带有祈福意味的大型娱乐活动。

讲到这里，或许有人会问，龙既然是中华民族的图腾，又是帝王的象征，为何民间还敢拿来耍呢？《周易·乾卦·九二》："见龙在田，利见大人。"见，意为现；田，意为田野，在古代也指一种鼓。人们未见过龙，可《易经》又说龙已在田野了，那就造一条龙，敲锣打鼓耍起来，这实际上是对龙的敬畏和崇拜。同时，人们也希望无所不能的龙能带来好运和吉祥。

说到中国的龙，还有一个关于龙的活动不能不提，就是"赛龙舟"。

赛龙舟是端午节的主要习俗。中国古人将夜空分为东、西、南、北四个方向，每个方向有七大星宿，共二十八星宿。其中，东方的七大星宿连线的轮廓像龙，所以被称为"东方苍龙七宿"。此星象，春季半隐于东方夜空，夏

季全部在南方腾升,秋季在西方退落,冬季在北方沉没。

端午节时,东方苍龙七宿的大火星"心宿"亮度最高,阳气正强,古人争相饮用端午节降的雨水。他们坚信,此时龙气最盛的"龙降水"或"龙舟水"可以驱灾辟邪,带来吉祥好运。民谚说,"端午水饮一坛,胜过补药吃三年","洗过端午水,不胖也不瘦"。渔民冒雨划龙舟比赛,就是渴望这份吉利降到自己身上。

时至今日,划龙舟的活动已成为一项国际性的大型赛事,深受世界各国人民喜爱。在我国每年端午节前后,各地赛龙舟的活动接连不断、声势浩大。人们在尽情享受快乐的同时,也寄托着对爱国诗人屈原深深的思念和对幸福生活的期盼。

其实,在划龙舟的过程中,人们把《易经》中龙的自强不息、奋勇向前、朝气蓬勃的精神展现得淋漓尽致,尽显强龙飞天入海的豪迈本色。

一生二 二生三 三生万物

《周易·系辞上》说"生生之谓易",意思就是"易"的原理是万物创生、生生不停、延绵不断。人们经常把"一生二,二生三,三生万物"挂在嘴上,作为说明事物生化不绝的佐证。

"一生二,二生三,三生万物"是老子在《道德经》中的论断。老子在这里讲了"一""二""三"这几个数字,但并不代表具体的事物和具体的数量。古人很懂这个道理,这只是万物从少到多、从简单到复杂、从低级到高级的一个过程。

老子跟易学的思想非常密切。《道德经》中有许多话和思想出自《易经》,而且"易老"并称。

《易经》中生生不息的思想早已深入古人的头脑,连日常用语都体现"生生不息"的愿望,最典型的莫如"救火"一词。

一遇到失火,人们就不约而同地呼喊一句话:"救火啊!"听到这种呼救,人们百分百就能理解是什么意思。可你有没有仔细想过,明明是失火了,不说去"灭火",却偏偏说成去"救火"。

从字面上看,"救火"似乎是要把火救起来,其实不然,所谓"救火"就是"灭火"。"救火"体现了人文关怀,不仅是扑灭大火那么简单,也包含抢救人员和财物的意思,是对火灾处理的最好概括。

"救火"二字蕴含着中国人的智慧。救火就是救命,将"抢救即将被火毁灭的人和物"简化成了最能产生听觉震撼的"救火"二字。

如果我们用《易经》理论去分析,就会发现"救火"一词含有一种易经思维,这种思维延绵数千年,以至于在发生火灾时会情不自禁地脱口而出:"救火啊!"

既济卦

《易经》中有一卦是既济卦,是第六十三卦。既,已经;济,成也。既济就是事情已经成功,但要小心出现事故。这个卦是异卦(下离上坎)相叠。坎为水,离为火,水火相变,水在火上,水势压倒火势,救火大功告成。

《易经》哲学认为,阴阳生化出了万物,二者只有在平衡条件下,才会达到自然的和谐。坎、离两卦正好是阴阳一对:坎为水,水为阴;离为火,火为阳。失火时的状态就是阳火太盛，需要降下来，但又不能完全熄灭，因为孤阴不生，独阳不长，要有阴有阳才能平衡，最后达到和合的状态。这里必须说明一下，这里所说的"不能完全熄灭"，仅仅是人们"阴阳生化万物"思维中的概念，凸显"救"的初衷，不能理解成要留下火种，否则后果不堪设想。

既济卦预示着事情已经成功，可不能高兴得太早。接下来的一卦是未济卦，是《易经》六十四卦的最后一卦。

未济卦

这个卦也是异卦（下坎上离）相叠。离为火，坎为水。火上水下，火势压倒水势，救火大功未成，故称"未济"。这一卦象至少有两点启示：

一是大火未扑灭，不能掉以轻心。阳之火太盛，原有的阴阳平衡遭到破坏，新的阴阳平衡还未建立，处于最后的关键时刻，需要自我克制，要严防死灰复燃，坚持到底，才能最终实现目标。

二是宇宙万物循环不息，既济不是终点。未济卦把《易经》的忧患意识贯穿到了最后。可以试想一下，先圣在排到第六十三卦时，已是"既济"，那么第六十四卦，也是最末的一卦，要安排什么样的卦呢？虽然到"既济"了，但事情并没有完结，宇宙生息循环的规律不会改变，于是，"未济卦"应运而生，恰到好处，毫无做作之痕迹，浑然天成。

未济卦提醒人们,《易经》排列组合成六十四卦,这些卦仅仅是对宇宙万物运行规律的基本概括,并不能涵盖所有事物的具体形态。再就是事物总处于变化、循环之中,要用生生不息的思想去分析、判断、实践。

《周易·序卦》曰:"物不可穷也,故受之以未济终焉。"未济卦所要表明的是,这一卦不是终点,而是新的起点,它留给后人对宇宙和自然界以更多思考。

虽死犹生　舍生取义

"人生自古谁无死,留取丹心照汗青。"这是南宋杰出的爱国诗人、民族英雄文天祥留下的名言。这位民族英雄在中国几乎是家喻户晓。他那体现中华民族气概和高尚节操的诗句,他唤起中华大地民族正义的《正气歌》和生生不息的精神,永远伴随中华民族的形象屹立在华夏大地上,浩气长存。

文天祥作为状元出身,位居丞相,在面临生与死的抉择时,将生死置诸度外,视死如归,不恋高官厚禄、富贵荣华!可是,人们要问,这位高风亮节、大义凛然的民族英雄是如何造就的?是什么精神支柱使他"富贵不淫、威武不屈"?正是中华《易经》文化之魂铸造了这位千古民族英雄!

文天祥出生于江西庐陵。这是一个名家辈出之地,自古有"吉水庐陵,人杰地灵"之称。文天祥从小就受到父亲的精心培养。《四书》《五经》是文天祥从小的必修课。文天祥小的时候,尤其喜爱群经之首的《易经》。《易经》演述了天地间各种变化规律,尤其是阴阳二气交替变化之理,使文天祥的人生观受到很大影响,他从小就懂得了乾坤之气是创造万物的根本,是宇宙的正气。从《易经》的变化思维到天、地、人三者的关系结构,他的易经思维潜透通达。他在《赠萧殿斋》这首诗中就论述得很清楚。从这首诗中可知,文天祥不仅精通《易经》变化原理及六十四卦与河洛理数的关系,而且对命理与《易经》间的相互关系做了细致的分析。

如果说这首诗中还论得不透彻的话，他在《赠谈命朱斗南序》中就谈得更彻底了。从这篇序言可知，状元出身、官至丞相的文天祥，不仅对《易经》精通，对《易经》术数也有较深入的研究，对五行、天干、地支间的关系了如指掌。从该序言中还可知道他对各类《易经》术数的命理书籍深有研究，且从中做出比较，肯定朱斗南《白顾山人秘传》一书的易学价值。

由此可知，文天祥不仅精通易理，而且精通《易经》术数。

文天祥是一位学识渊博、气节高尚的名人。他在朝廷为官时，以《易经》知识治理天下。当国家在生死存亡之秋时，他挺身而出，保卫国土。当个人遭难、面临生死抉择时，他以《易经》的正气要求自己义气凛然不可侵。人虽死，但其精神流芳百世，生生不息。

伟大的爱国诗人屈原，他看着楚国的大好河山一点点被吞噬，看着那一群奸佞小人为了一己荣华而谄媚楚王，置国家于不顾。此情此景深深刺痛屈原，他决不愿同流合污，最后在绝望之中毅然决然地投入汨罗江。此时的屈原是带着对楚国的无限眷恋，带着对楚国人民无限的爱，带着对奸臣污吏切齿的恨，离开这个他曾热恋的世界的。他知道与其卑躬屈膝地活，还不如轰轰烈烈地死！屈原的躯体随着滔滔江水流逝了，可他的自强不息、浩然正气永远激励着一代又一代中国人。

中华历史上涌现过许多民族英雄、爱国壮士，龙的自强不息精神在他们身上体现得最全面、最彻底，从而鼓舞和激励着后人勇往直前、奋斗不息，使中华民族立于世界民族之林。

第二章

从『万物生化』看阴阳相倚之道

《周易·系辞上》中说:"一阴一阳之谓道。"阴阳的概念是《易经》的核心思想。阴阳学说认为,自然界的任何事物都包括阴和阳相互对立的两个方面,而对立的双方又是相互统一的。说得再细一点,阴阳有三个特性:对立、互根、转化。所谓对立,就是一个统一体阴阳双方的相互排斥、相互斗争;所谓互根,就是相互对立的阴阳双方相互依存,也就是说,没有阴就没有阳,没有阳就没有阴;所谓转化,就是在一定条件下,对立的双方可相互转化,阴可以变阳,阳可以变阴。说得通俗一点,就是你中有我、我中有你,没有阴,阳就不存在;没有阳,阴就不存在;孤阴不生,独阳不长。"阴"与"阳"是《易经》从复杂的自然现象和社会现象中抽象出来的两个具有本体意义的基本范畴。

太极图

阴阳生万物

我们说阴阳,是在讨论宇宙万事万物发展的一种规律,千万不要往迷信方面想,如果你耐心读下去,就不会觉得是迷信了。

宇宙间万事万物都是由相对的阴、阳组成的。那么,宇宙是如何形成的呢?中国人都会讲一个家喻户晓的故事。

第二章 从"万物生化"看阴阳相倚之道

很久很久以前,天和地还没有分开,宇宙混沌一片。有个叫盘古的巨人,在这混沌之中,一直睡了十万八千年。

有一天,盘古突然醒了。他见周围一片漆黑,就抡起大斧头,朝眼前的黑暗猛劈过去。只听一声巨响,混沌一片的东西渐渐分开了。轻而清的东西缓缓上升,变成天;重而浊的东西慢慢下降,变成地。

虽然盘古开天地是美丽、壮阔的传说,但盘古造阴阳、阴阳成宇宙的系统理论一直被传承下来。古人所设想的天地未开之前的混沌状态,与今天人们认识的宇宙早期状态是多么相似啊!

自然界阴阳对立统一的事物几乎无处不在:内与外、高与低、大与小、热与冷、动与静、明与暗、雌与雄、男与女等。

说到自然界的阴阳,不能不提广东韶关丹霞山的阴元石和阳元石。

在丹霞山的崇山峻岭中有一根酷似男性雄根的巨型石柱,三十万年来它傲然直指苍穹,带着饱满的张力一柱擎天,笑看群山伫立天地,坦然接受日月的洗礼和信徒的膜拜。据来此地考察的专家、学者称,此石这般造型奇特又纯属天然之物,天下绝无仅有,故有"天下第一石""天下一绝"之称。石柱取名为"阳元石",取其阳刚之阳、元气之元,意即阳刚之气也。又有一说,元者,头也,第一也,含意均明了。

石柱如此神奇逼真、惟妙惟肖,人们不得不感叹,世上怎会有这样的自然之物?

按照阴阳理论,独阴不生,孤阳不长。当地一位猎人经过多年寻找,终于又发现了阴元石。它与阳元石隔山隔水相望,距离不到5千米。阴元石被称为"神州第一绝景""天下第一女阴",隐藏于深山幽谷之中。它高10.3米,宽4.8米,恰如把女性的阴具放大了。不仅比例和形状,它的魅力还在于粉红的颜色、里外石壁的光滑和看上去的柔软、四周的灌木及杂草形成的自然装饰。人们把这块造型、比例、颜色都相当配称的景点视为"母亲石""生命之门"。阴元石静静地躲在一线天外的山谷里,伴着高山,伴着小溪,伴着灌木，伴着小草，悄然尽显委婉和阴柔。阳元石与阴元石一刚一柔、一明一暗、一大一小，这般巧合地相峙而立。也许阴阳两不弃是这个世界的真谛，正反交融，相生相克，才有生命的生生不息。面对阳元山的雄姿、阴元山的神韵，就是再木讷的人也会为之动情。

阳元、阴元的名称来自《易经·象传》："大哉乾元，万物资始，乃统天。""至哉坤元，万物资生，乃顺承天。"《易经》提出的"乾元"与"坤元"，是指作为对立统一的宇宙万物的本原。乾元为阳，坤元为阴，阴阳合和，化生万物。在阴阳中，阳为主，阴为从，故乾元"统天"，坤元"顺承天"。

鬼斧神工般的阴元石、阳元石，在大自然当中显得既神奇又很渺小，但它们似乎在诠释阴阳规律及阴阳系统无处不在的宇宙真谛。

单就阴、阳元石而言，它们在"石头界"里是凤毛麟角，稀而为贵，异而为奇；若就阴阳现象言之，它们则普遍存在于宇宙之中，只是人们熟视无睹、"日用而不知"罢了。

《红楼梦》第三十一回对阴阳的描写，更是匠心独运，妙趣横生。我们来看一段史湘云与翠缕谈阴阳的对话。

湘云说道："天地间都赋阴阳二气所生，或正或邪，或奇或怪，千变万化，都是阴阳顺逆。多少一生出来，人罕见的就奇，究竟理还是一样。"

翠缕道："这么说起来，从古至今，开天辟地，都是阴阳了？"

湘云笑道："糊涂东西，越说越放屁。什么'都是些阴阳'，难道还有个阴阳不成！'阴''阳'两个字还只是一字，阳尽了就成阴，阴尽了就成阳，不是阴尽了又有个阳生出来，阳尽了又有个阴生出来。"

翠缕道："这糊涂死了我！什么是个阴阳，没影没形的。我只问姑娘，这阴阳是怎么个样儿？"

湘云道："阴阳可有什么样儿，不过是个气，器物赋了成形。比如天是阳，地就是阴；水是阴，火就是阳；日是阳，月就是阴。"

翠缕道:"这些大东西有阴阳也罢了,难道那些蚊子、虼蚤、蠓虫儿、花儿、草儿、瓦片儿、砖头儿也有阴阳不成?"

湘云道:"怎么有没阴阳的呢?比如那一个树叶儿还分阴阳呢,那边向上朝阳的便是阳,这边背阴覆下的便是阴。"

翠缕听了,点头笑道:"原来这样,我可明白了。只是咱们这手里的扇子,怎么是阳,怎么是阴呢?"

湘云道:"这边正面就是阳,那边反面就为阴。"

翠缕又点头笑了,还要拿几件东西问,因想不起个什么来,猛低头就看见湘云宫绦上系的金麒麟,便提起来问道:"姑娘,这个难道也有阴阳?"

湘云道:"走兽飞禽,雄为阳,雌为阴;牝为阴,牡为阳。怎么没有呢!"

翠缕道:"这是公的,到底是母的呢?"

湘云道:"这连我也不知道。"

翠缕道:"这也罢了,怎么东西都有阴阳,咱们人倒没有阴阳呢?"

湘云照脸啐了一口道:"下流东西,好生走罢!越问越问出好的来了!"

翠缕赶紧说道:"人规矩主子为阳,奴才为阴。我连这个大道理也不懂得?"

湘云笑道:"你很懂得。"

由此看来,曹雪芹应是一个《易经》高手。通过湘云与翠缕的对话,谈阴阳如信手拈来,把阴阳解释得自然流畅,朴实易懂。湘云通《易经》、懂阴阳的形象亦跃然纸上。"阳尽了就成阴,阴尽了就成阳。"这句话似乎暗藏玄机,是否预示着大观园里的人际关系和荣辱兴衰?

《易经》中说:"一阴一阳之谓道。"阴阳的概念是贯穿《易经》的主线。现在,一提到"阴阳"两字,人们就容易把它们和封建迷信联系在一起。其实仔细一想,阴阳的观点就是对立统一的观点,源自古代中国人民的自然观。

古人观察到各种对立又相连的大自然现象,如天地、日月、昼夜、寒暑、男女、上下等,以哲学的思想方式,归纳出"阴阳"的概念。阴阳学说认为,

自然界中任何事物都包括阴和阳相互对立的两个方面，而对立的双方又是相互统一的。

阴阳的对立统一运动，是自然界一切事物发生、发展、变化及消亡的根本原因。阴阳的矛盾对立统一运动规律是自然界一切事物运动变化固有的规律，世界本身就是阴阳二气对立统一运动的结果。阴阳之间的对立制约、互根互用并不是一成不变的，而是始终处于一种消长变化的过程，阴阳在这种消长变化中达到动态平衡。这种消长变化是绝对的，而动态平衡是相对的。

比如，白天阳盛，人体的生理功能也以兴奋为主；夜间阴盛，机体的生理功能相应地以抑制为主。从子夜到中午，阳气渐盛，人体的生理功能逐渐由抑制转向兴奋，即阴消阳长；而从中午到子夜，阳气渐衰，人体的生理功能则由兴奋渐变为抑制，这就是阳消阴长。

我们的人生何尝不是一个阴阳交替变化的过程：失败是阴，失败中孕育成功的希望；成功是阳，成功中也埋下了失败的种子。每个人的人生都不会一帆风顺，都会不断起伏，重要的是不断加强自身素质和能力，顺应社会的发展，与时俱进，在困难面前不退缩，在成绩面前不骄傲。这就是大道，阴阳之道。

《易经》把复杂、多变的阴阳体系用最简单的符号表示出来，即阴爻（--）和阳爻（—）。对宇宙间任何事物，只用阴爻、阳爻两种符号就能轻而易举地表达出来，不需要更多文字，或压根就没有文字说明。阴爻、阳爻涵盖事物本质的特性，对世界的发展和社会的进步贡献巨大。

生活中有一样东西是我们离不开的，那就是手机，它的功能多么强大，用起来多么方便，人人爱不释手。大家都知道，电脑也好，手机也罢，它们的工作原理是二进制，这使顺利地进行信息处理和传输变为现实。德国的数学家、哲学家莱布尼茨对二进制的发现有重要贡献，有人认为他是受到了《易经》的影响。

头痛不医头

《易经》的阴阳理论影响最大的恐怕是中医，它奠定了中医的理论基础。

"开方子""抓药"是中国人很熟悉的词句。自己或家人得病了，说一句"抓药去"，大家都明白要做什么。可以看得出，中医在人们心中的地位是不言而喻的。

看中医为什么叫"开方子"？买中药为什么叫"抓药"？先按下不表，待后面再述。我们先来探讨一下《易经》与《黄帝内经》的关系。

《易经》从日月天地、山泽雷风、阴阳男女等多方面展示天地之理、圣人之德，教人合天地之德，进德修业，知刚柔进退，趋吉避凶。而《黄帝内经》则以万物类象、阴阳五行、冷热寒暑，对人身五脏六腑、四肢百骸，辨阴阳，分虚实，用针药以治病。两经虽侧重不同，根本思想却一脉相承，皆以阴阳消息变化为依据，教人安身立命。

中医的理论基础是阴阳学说，甚至可以说，没有阴阳学说就没有中医。建立中医理论体系，推动中医发展的原动力就是《黄帝内经》。《黄帝内经》把人体看成是各个层次的阴阳对立统一体，还把每一脏、每一腑再分出阴阳，从而使每一层次的整体与局部、组织结构与生理功能都形成阴阳的对立统一。

《黄帝内经》又称《内经》，是中国最早的典籍之一，也是中国传统医学四大经典之首，相传为黄帝所作，因此得名。但后世较公认此书最终成书于西汉，作者亦非一人，而是由中国历代黄老医家传承增补发展创作而来的。正如《淮南子·修务训》指出的那样，冠以"黄帝"之名，意在溯源崇本，借以说明中国医药文化发祥之早。可见，《黄帝内经》实非一时之言，亦非出自一人之手。

不管《黄帝内经》写了多长时间，有多少人参与写作，显而易见的是，

《黄帝内经》的阴阳理论受到了《易经》阴阳学说的影响。这种影响是巨大的，它奠定了中医的理论。

那么，《黄帝内经》是如何理解阴阳的呢？我们来看一段黄帝与岐伯的对话。

（黄帝）乃问于天师曰：余闻上古之人，春秋皆度百岁，而动作不衰；今时之人，年半百而动作皆衰者。时世异耶，人将失之耶？

岐伯对曰：上古之人？其知道者，法于阴阳，和于术数，食饮有节，起居有常，不妄作劳，故能形与神俱，而尽终其天年，度百岁乃去。今时之人不然也，以酒为浆，以妄为常，醉以入房，以欲竭其精，以耗散其真，不知持满，不时御神，务快其心，逆于生乐，起居无节，故半百而衰也。

夫上古圣人之教下也，皆谓之虚邪贼风，避之有时，恬淡虚无，真气从之，精神内守，病安从来。

上文大意是：

黄帝问岐伯，我听说上古时候的人，年龄都能超过百岁，动作不显衰老；现在的人，年龄刚至半百，而动作就都衰弱无力了，这是由于时代不同造成的，还是因为今天的人们不会养生造成的呢？

岐伯回答说，上古时代的人，那些懂得养生之道的，能够取法于天地阴阳自然变化之理而加以适应，调和养生的办法，使之达到正确的标准。饮食有所节制，作息有一定规律，既不妄事操劳，又避免过度的房事，所以能够形神俱旺，协调统一，活到天赋的自然年龄，超过百岁才离开人世；现在的人就不是这样了，把酒当水浆，滥饮无度，使反常的生活成为习惯，醉酒行房，因恣情纵欲，而使阴精竭绝，因满足嗜好而使真气耗散，不知谨慎地保持精气的充满，不善于统驭精神，而专求心志的一时之快，违逆人生乐趣，起居作息毫无规律，所以到半百之年就衰老了。

古代深懂养生之道的人在教导普通人的时候，总要讲到对虚邪贼风等致病因素应及时避开，心情要清净安闲，排除杂念妄想，以使真气顺畅、精神守持于内，这样疾病就无从出现。

黄帝与岐伯的对话，分析了人的生命与阴阳平衡的关系，指出了破坏平衡的严重性，提出了改善阴阳平衡的方法，强调了阴阳为本、阴阳平衡的重要性。

也许有人会问，中医、西医都是给人治病，它们到底有什么不同呢？我们先来看一个例子：感冒。

西医的基本套路是先检查化验，发现是白细胞高、细菌感染，那就得用青霉素、头孢一类的药，所有医生的做法都差不多，基本上是统一的。中医则分具体情况具体对待，先"望、闻、问、切"，判断是风寒还是风热，是肺热还是肺寒，是阴虚还是阳虚等，并且不同的医生有不同的理解，针对不同的症型，用的药也是不同的。

再来看一个例子。大家都知道藿香正气水，夏天拉肚子时吃这种药效果不错。藿香正气水的作用是什么呢？当体内处于寒湿状态时，中医的藿香正气水就能产生作用，它由散寒祛湿的药物组成。但在实验室里，煮完藿香正气水后，把大肠杆菌放进去，细菌一点都不能被杀死，藿香正气水反而成为大肠杆菌的培养基。然而，人们把藿香正气水喝进肚子里就能解决问题，这是为什么呢？因为藿香正气水本来就不是杀死大肠杆菌的，只是调整你的体内状态。

中医认为，人体是一个有机整体，人体是一个小宇宙，这个小宇宙的正常运行，同样需要阴阳平衡来保持它的相互协调、相互作用。中医还认为，人体各种脏器包括经络是相互影响的，所以头痛可能不直接医头而是从医脚开始，脚痛也可能先医头。

中医学中，类象思维发挥着本质的功用。简单地说，就是将身体的内脏器官通过类象的思维联想，对应《易经》中的卦模型和五行属性。比如肾脏，这个器官的核心功用是水的调节和泌尿的代谢，通过卦模型的分析，对应出了肾脏属于"坎卦"，在五行中的属性为"水"。同样，也可以将身体的所有脏腑和器官都对应上《易经》中的卦模型和五行属性。当出现病症的时候，就能够通过五行的性质、相生相克关系以及阴阳机理，进行病症的根本治疗。

中医理论的不断完善和进步，被一些西医专家接受并用于治疗和新药的研发。阿尔茨海默病也叫老年痴呆症，在全世界有近5000万患者，在中国超过千万人。它的主要症状是失忆、多疑等，死亡率超过50%，据说是全球治疗费最昂贵的疾病，给社会和家庭造成极大的精神负担和经济负担，并且无特效药。中国上海的医药专家研发了一种作用于肠道菌群的药物，可用来治疗老年痴呆症。新药已获批准并被投放到市场，据说效果很好。这就是典型的"头痛不医头"且脑病用肠菌。

再来说说中医的"开方子"，这是老百姓的土话。为什么叫"开方子"？因为中医不是用药来治病，而是用阴阳的气机来治病，让你的气机正常才是最重要的。所以，中医所说的开药不叫开药，叫"开方子"，开出一个治疗方向来。比如说湿气太重，就要祛湿，开出一个干的、燥的方向。

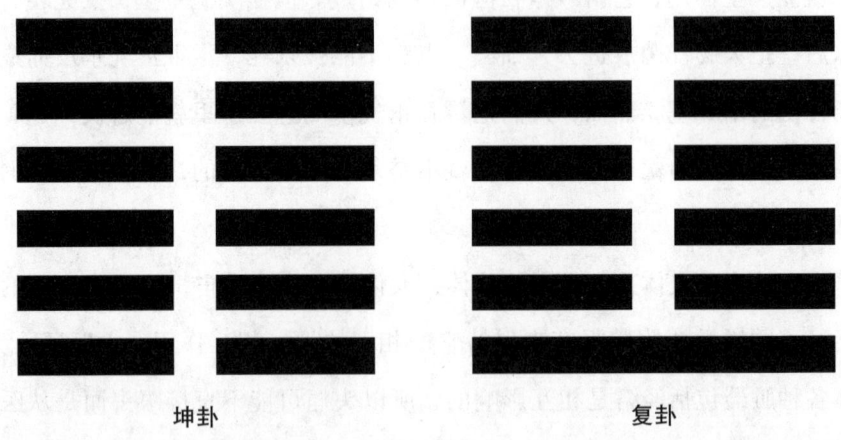

坤卦　　　　　　　　复卦

这个很像《易经》的卦，它是可以变的。《易经》卦画中的某一爻发生变化，就变成一个新的卦，这个新卦就是"之卦"。之，有去往之意，也就是说，这个新卦指明了卦的变化方向。如坤卦初六变成初九，即阴爻变阳爻，就变成了复卦。

中药明明是一剂剂配制的，为什么叫"抓药"呢？

说来话长，"抓药"一词已有一千多年历史，与"药王"孙思邈有关。据传，孙思邈经常外出行医采药。无论走到哪里，只要有好药材，哪怕是深山老林、悬崖峭壁、河川峡谷，孙思邈也会千方百计地把好药采收下来。时间一长，所采药材种类繁多。由于性味功用不同，各种药材不能混放串味，否则会影响药材功效。于是，孙思邈想了个妙招，在衣服和裤子上缝了很多小口袋，凡采到一种药材，就装进一只小口袋里，以便随时行医用药。孙思邈采药走到哪里，行医治病就到哪里。每次诊病后，他都是从小口袋里一小撮一小撮地抓出药来，所以人们形象地称之为"抓药"。

"抓药"还有一种解释：在传统的中药铺，有一种习惯性的做法，郎中给病人开了三服药，每服五味药，按一般的做法，药房的药师要用秤称十五次，但往往只称五次，即同一种药一起秤，再用手抓成三份，因为中药不需要太精准，在这里药师运用的是模糊理论。

有两把刷子

《易经》的阴阳学说体现在中国人生活中的方方面面。而人们日常生活中举止、言谈、用物等方面都用到易经思维，却毫不察觉，变得习以为常。

中国人在称赞别人有能耐、有本事时，就会说这个人"有两把刷子"。为什么不说这个人有"一把刷子"，或者说有"三把刷子"，而偏偏只说"两把刷子"？这是因为，"两把刷子"的含义包括阴和阳，也就是称赞的这个人懂得阴阳之道。

按照常规思路，刷子与本领或者能力应是毫无瓜葛的，两者风马牛不相及，但有个缘由促成了这个事实的存在。古代有许多才华横溢的文人，"笔墨纸砚"无一例外地成为他们眼中的珍宝，构成他们生活中不可或缺的一部分，

而最值得他们自豪的是毛笔。那些文章写得精妙、书法自成一家的文人在面对别人称赞自己时，便谦称自己"有两把刷子"，这个"刷子"就是指毛笔。文人们说的"两把刷子"，暗喻心中有阴阳，笔下能生花。

由此可见，中国人对"两把""一对""一双"的理解不仅是一个数字概念，而且是一个文化概念。而"成双成对"在日常生活中的运用，颇具代表性的是筷子。

筷子看似简单，实际上蕴含易经智慧。一双筷子，两根，是谓阴阳。阴阳交则万物生，阴阳分则宇宙灭，两根筷子相交则食物被夹取，两根分开则筷不可用。交则合，合即和；分则裂，裂即不和。筷子使用时，上下并列，上面那根动，下面那根不动。两根筷子组合成一个太极，主动的一根为阳，不动的那根为阴，这就形成"两仪"之象。阴阳互动可得用，若阴阳分离，则此太极不存。这就是对立统一，阴阳互根。我们仔细观察可知，筷子是上头方、下头圆的，即"首方足圆"。方，象征着地；圆，象征着天。这也就是我们通常所说的"天圆地方"。

当你在酒楼吃饭时，不小心碰掉了一根筷子，服务员会拿来一双筷子，如果你说只换一根就可以了，服务员会坚持说，还是换一整双吧。若在家里出现同样的情况，家人一般也会帮你换一双筷子。这一习惯的做法，实际上反映了中国人的阴阳观和"好事成双"的思维。

筷子传统的长度为七寸六分（鲁班尺），代表人的七情六欲。拿起一双筷子，就是提醒人必须控制好自己的七情六欲，方能在天地方圆中得以进食，得进食方得养生。所以，控制七情六欲是养生的需要，也是做人的基本修养。

在中国人的日常生活中，阴阳不仅体现在衣食住行上，也体现在娱乐等方面。围棋便是最能体现阴阳的娱乐项目。

《易经》与围棋存在密切的关系，在基本的哲学层面上，《易经》的阴阳观与围棋棋理是相通的。

2017年9月，中国围棋名将江铸久在联合国教科文组织总部，做了题为

"围棋中的易经思想"的演讲,从中我们可以加深关于《易经》阴阳理论对围棋影响的理解。下面摘录一部分演讲内容:

三千年前,《易经》(主要指《周易》)的诞生,标志着中华文明开始落地生根。围棋恰恰也是在这段时期产生的(史料记载,春秋时博弈盛行)这也是我们今天寻找围棋本源的线索之一。能够想象的是,围棋从初始就是一项高级的智力游戏,而且成熟。因为其高级,所以很长一段时间内,只存在于上层社会小范围中。这一点在围棋的旁支——藏棋(西藏围棋)中,也得到了旁证。

《易经》是解释宇宙和开悟人生的天书,正像围棋大师吴清源九段研究所认为的,围棋是解释《易经》的工具。围棋更像是实践中的天书,是人间的宇宙模型,其思想内容可以包含演绎许多人间的哲理逻辑。其中演绎出许多与《易经》内容类似的思想。

象征北极星的恒定不变,也就是棋盘中的天元。棋盘有三百六十一个交叉点,这是模拟一周天的数目,也就是一年的天数。棋盘分成四个角,模拟四季,每角九十个交叉点,象征每季度的天数;棋盘外围的七十二个交叉点模拟气候时节中的七十二候。棋子黑、白各占一半,象征阴阳。棋盘方正沉静,棋子浑圆灵动。动静之中,又有阴阳。

世界上有六千多种智力游戏,与象棋、国际象棋这些棋类不同,围棋没有角色定位,没有王、后、将、相,每一颗子都是平等、一样的,所不同的是,处在不同的位置,所起的作用不同。时不同,位不同,作用不同,在关键位置上就有了我们所说的关键子。关键子,并不是说这个子有多么关键,而是它所处的位置关键。没有事先设定,一切皆有可能,一切皆听从时间条件的变化,这符合《易经》所反映的世界。

我们所说的《易经》亦为《周易》。天行健,"行,则周乎地外,入乎地中而皆行矣,岂有位哉"。全局的概念在围棋中的应用甚为广泛。围棋讲究棋子间的配合,下棋时拘泥于局部,看重每一颗子的死活,而不看这颗子的死活是否大局的需要，就很容易走出败招。围棋的子是时刻随着全局的变化而作用不同的。

"棋者，以正合其势，以权制其敌。"下棋，既要针对实际情况权变应对，也要尊重围棋的一般规律。以正合，出奇胜。每位围棋高手都会在下棋时有随时应用的思路，似乎又像是一位出色的兵家。这就是《周易·系辞上》所谓的"天尊地卑，乾坤定矣。卑高以陈，贵贱位矣"。《易经》认为，变与不变都是必然的，变化之中有不变，不变是变的前提。因此，大衍筮法将一根蓍草置而不用，以象征恒定不变。也因此，《周易·恒卦·象》曰："观其所恒，而天地万物之情可见矣。"

虽然如此，《易经》的重点仍然在"变"字。易者，阴阳也。阴阳升降变化，相互推移摩荡，便为"易"。乾坤并建，阴阳一体。阴阳相合相争，但围棋是输赢的游戏，对弈双方相争相伐，阴阳力量此消彼长。就一方对弈者言，几乎随时要随着对方的应对招法在"变"。其行为招式则随时存在争合并存、彼此兼顾阴阳平衡的问题。围棋的思考又处处体现了为对方着想的合理平衡，以期达到对自己最为平衡有利的那一招。

"天行健""地势坤"，乾健坤顺，乾刚坤柔，乾动坤静。但乾坤并建，一体两面，阴阳之道存乎其中。以棋道观之，并非输赢相争便使勇斗狠，招招致人死地，相反，围棋招法上讲究留有余地，讲究阴阳平衡，阴中有阳，阳中有阴，不可偏废。更多时候，如果不替对方想到最好的应对，那么自己最好的一招反而是可能有破绽的。如果追求的是过度的效果，反衬的是自己的思考不够周全。高质量的对局往往是两位高手高度对抗下的胜负和谐、毫厘之间的胜负。

下围棋，则时机来时如阳气初现，不必忧虑它不会生长，但要思虑周全，不要轻举妄动、轻易落子，考虑成熟了再走，此为慎勿轻速。

《易经》与围棋是两个系统，而《易经》这个系统是比喻的系统，是高屋建瓴的理论，理解得对时便有无穷之理。不要把《易经》当成是具象的，而要把它当成一个符号系统。这样参考来观棋道就容易打开思路，提供更为广阔的视角，协助人走向另一个高度。如果把《易经》教条性化，就容易让人进入只认死理的死胡同。很多围棋大师追求的是棋道，是竭尽全力下出自己对棋道的理解"神之一手"。如果追求一时的胜负以及所带来的效果，"初心"可能就不是那么纯，反而不容易达到一定高度，也不容易发挥出最好的自己。围棋很多时候的胜负，在于棋手的敏感。早于对手嗅到局面的微妙变化"坚冰至"胜负处的来临，往往决定一盘棋的走向。

以上是江铸久的精彩演讲片段，他把围棋中的"一阴一阳之谓道"分析得多么深刻，阐述得多么透彻，仿佛从一黑一白的棋子中嗅到了浓浓的易理气息，看到了黑、白二子构成的无比恢宏的阴阳世界。

第三章

从『水满则溢，月满则亏』看谦卑处世之道

我们常说:"满招损,谦受益。"《易经》中专门有一卦强调谦虚谨慎、不骄不躁的重要性,那就是"谦卦"。谦卦的中心思想是:谦虚是君子的美德,人要不断自我修养。

谦卦

自古以来,人们把能不能做到谦虚谨慎、不骄不躁,作为衡量一个人德行好坏的重要标准。《易经》中的谦卦是唯一无凶爻的卦,足见先圣对"谦"的情有独钟到了无以复加的程度。

"满招损,谦受益。"出自《尚书·大禹谟》,全句为:"惟德动天,无远弗届,满招损,谦受益,时乃天道。"句中的"满"即骄傲自满,"招"即招来,"损"即损害、损失,"谦"即谦虚,"受"即受到、得到,"益"即益处。这段话的大意是:"只要道德的力量能感动天地,再远的地方也能到达。骄傲自满就会招来损害,谦虚谨慎就能得到益处,这就是天道。"《尚书》中的这段话,或许受到《易经》谦卦的影响,充满"易"的风格,飘散着"易"的气息。

"满招损,谦受益"的词句与毛泽东的"谦虚使人进步,骄傲使人落后"的名言有异曲同工之妙。伟人的两句话更简单明了,让人一下子就熟记于心。

"满招损,谦受益。"文字精练,道理深刻,但仔细琢磨,总觉得哪儿不够完美。原来,从文字运用上,"满"与"谦"不太对仗。"满"与"虚"相对，"谦"与"骄"或"傲"相对，似乎更好一些，因为"满"还有满意、满足、饱满等意义。那先圣为什么偏偏说"满招损"，而不说"骄招损"？那是由于"自满"是骄傲的起因，一个人未到自满的程度，是骄傲自大不了的。"自满"是因，"骄傲"是果；"自满"是本质，"骄傲"是现象。于是，先圣干脆把事物的本质写出来，起到一语中的的警示作用。

满招损

在《周易·谦卦》中，六爻皆吉，这个"吉"的前提是做到"谦"。反过来看，如果做不到"谦"，则必有"凶"。我们在讨论谦卦时，要先说大有卦，而一说到大有卦，又要把同人卦拿出来讲一讲，它们的关系太密切了，只有这样才更容易理解《易经》思维的奥妙。

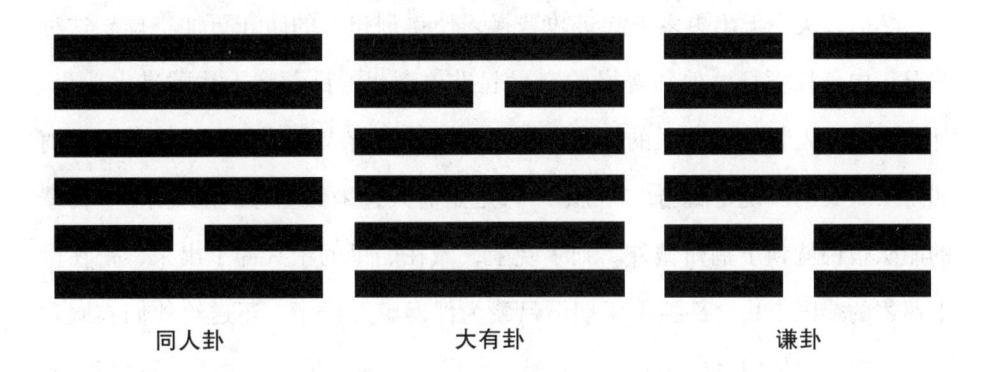

同人卦　　　　　大有卦　　　　　谦卦

同人卦，在《周易·序卦》中这样解释道："与人同者，物必归焉，故受之以大有。"这是什么意思呢？就是寻找到了志同道合的人，大家齐心协力做事，物产自然会丰富起来，所以接下来便是大有卦了。大有卦上卦为离，为火；下卦为乾，为天。火在天上，普照万物，万民归顺，顺天依时，大有所成。这一卦，卦名虽然大有收获，却以满而不可溢的道理，谆谆告诫：只有君明臣忠、顺应民意，按照客观规律办事，方能昌盛富有。同时指出，当处大有之时，更要谦虚谨慎，戒骄戒躁，才能长治久安。《周易·序卦》曰："有大者，不可以盈，故受之以谦。"所以，大有卦下受之以谦卦。

"满招损，谦受益"是大有卦和谦卦的核心。到了人生的高点，千万不能自满，否则便会溢出来。

古往今来，因"满"而"招损"者颇多。我们来看看以下几个典故：

故事一：大意失荆州

周瑜死后，孙权任命吕蒙为大将军，派他攻打荆州。吕蒙知道关羽很骄傲，喜欢被人夸奖，于是，他想到了一个办法。

吕蒙派人带着书信和礼物来拜见关羽，他在信中将关羽吹捧了一番，说关羽非常勇敢，军队也很厉害，打败曹操将是轻而易举的事。关羽看完吕蒙的信以后，非常高兴，笑着说："哈哈，吕蒙胆子真小，看来我不用担心吴国来进攻了！"

然后，关羽派出更多士兵进攻曹操，使得荆州城的防守更加空虚。这种情况正中孙权下怀，他和曹操约定一起进攻荆州。吕蒙将士兵藏进大船里，外面划船的人装扮成商人的样子，向荆州驶来。有人向关羽报告，吴国有商船过来。关羽听说是商船，就说："肯定是商人过来做生意，没关系。"吕蒙的船队很快就到了荆州城外。到了晚上，藏在船里的士兵冲了出来，把在岸上巡逻的蜀国士兵全部抓上了船。吕蒙为俘虏解开绳子，还送给他们衣服和食物，并且问他们怎样才能攻下荆州。俘虏们感激地说："谢谢你不杀我们，我们可以为你打开城门。"等到半夜的时候，这些俘虏来到城下叫门，守门的士兵看见是自己人，就打开了城门。这时，吴国的军队一下子冲了进去。其他守城的士兵抵挡不住，只好逃走了。荆州人又落到了吴国手中。关羽因为自己的一时大意、骄傲自满而没有守住荆州。

关羽率残部向蜀地撤退，退路却已被切断。关羽陷于进退失据、腹背受敌的困境。他遂西逃至麦城（今湖北当阳东南），再寻机突围回西川。吕蒙知关羽兵少，料他要逃走必然走麦城北边通西川的小道，就事先派兵埋伏。不出所料，关羽率部队偷偷从麦城北门向西逃路上被吴将马忠设绊马索埋伏而擒获，终与其子关平一起被杀。

关羽因气满志骄而丢城丧命，十分悲哀。但千百年来，形成了"大意失荆州"和"败走麦城"两个著名说法，被中国人熟记于心，这是关羽用性命换来的一个教训。

故事二：闯王之亡

李自成，陕西米脂县人，初名鸿基，明末农民起义领袖，称帝时以李继迁为太祖。李自成出身贫苦，童年时给地主放羊。崇祯二年（1629年）起义，后为闯王高迎祥部下的闯将，勇猛有识略。高迎祥牺牲后，李自成继称"闯王"。崇祯十一年（1638年）在潼关战败，仅率刘宗敏等十余人，隐伏商雒丛山中（在豫陕边区）。次年出山再起。崇祯十三年（1640年）又在巴西鱼腹山（"腹"一作"复"）被困，以五十骑突围，进入河南。其时，中原灾荒严重，阶级矛盾极度尖锐。李岩提出"均田免赋"等口号。李自成在荥阳崭露头角。他在推翻王朝的战争岁月中，不向敌人屈服，与战士同甘苦、共患难，提出了有利于百姓的"均田免粮"口号。当时的歌谣："吃他娘，着他娘，吃着不尽有闯王。不当差，不纳粮，大家快活过一场。"远近传播，深入人心。部队发展到百万之众，成为农民战争的主力军。崇祯十六年（1643年），李自成在襄阳称新顺王。同年，在河南汝州（今临汝）歼灭明陕西总督孙传庭的主力，旋即乘胜进占西安。次年正月，建立大顺政权，年号永昌。

1644年，李自成的起义军占领北京，推翻了统治276年之久的朱明王朝。李自成进京后，军纪严明，基本保持了农民军的本色，但是他在胜利之中滋长了骄傲情绪。他对复杂多变的东北边关形势没有清醒的认识，更没有想到如何对付清军，对部下、士兵的日益腐化也没有采取必要的防范措施，武将忙于"追赃助饷"，文官忙于开科取士、登基大典，士兵沉溺于胜利之中，认为战斗已经结束，可以高枕无忧了。

这样一来，起义军就丧失了斗志。面对清军的反扑，大顺军节节败退，最后被清军一击即溃。

李自成"不贪财，不好色，光明磊落"，却"犯了胜利时骄傲的错误"，我们应记取历史教训。

故事三：水满则覆

春秋时期，孔子带学生到庙里祭祀。庙门内的座位旁一个盛酒的祭器非常抢眼，诸学子均觉得新奇，便纷纷提问。

孔子没有马上回答大家，反倒是向寺中供奉先提出了自己的问题："请问这是什么器具啊？"

供奉见这人谦虚有礼，便也恭敬地作出回答说："夫子，这是放在座位右边的器具呀！"

孔子便开始仔细端详这个器具，嘴里还不断重复地念着："座右，座右。"然后他对学生说："你们看，这个放在座位右边的器具，当它空着的时候是倾斜的，装一半水时就变正了，而装满水后反而就会倾覆。"

闻听至此，学生们都将惊异的目光转向那个新奇的器具。孔子看出大家的心思，继续和蔼地说："不相信吗？那就提点水倒到器具里试试吧。"

学生们打来了水，往器具里倾倒。倒了一半水时，那器具果然就正了，可当大家继续往器具里注水，器具装满了水后，果真就倾倒了。

孔子感慨道："倾倒是因为水满所致啊！"

直率的子路仍不知究竟，便问道："老师，难道就没法让它不倾倒吗？"

孔子望了大家一眼，语重心长地说："世上绝顶聪明的人，应当用持重来保持自己的聪明；功誉天下的人，应当用谦虚保持他的功劳；勇敢无双的人，应当用谨慎保持他的本领啊。"

学生们为这番寓意深刻的话所深深打动，悟到了谦虚的重要性。

北京故宫皇帝的宝座旁也放置着一件物品，叫"欹器"，"欹"是倾斜的意思，其外形、功能和原理与寺庙里的祭器相仿。皇上在房间里摆设欹器，是借欹器的特点，预示"满招损，谦受益，持满戒盈"的道理，并称之为"宥座之器"。"宥"通"右"，古代国君把它置于座位的右边，用来警诫自己，这也是"座右铭"的雏形，后来多以铭文替代。

细心观察二十四节气，你会发现很多是相对应的，有小暑就有大暑，有小雪就有大雪，有小寒就有大寒。但有一个例外，就是只有小满没有大满。麦类灌浆乳熟，籽粒开始饱满，将熟而未熟，故曰"小满"。《说文解字》说："满，盈溢也。"正所谓"水满则溢，月盈则亏"。所以，人生凡事不能"大满"，满则招损。这或许就是我们的老祖宗用"芒种"代替"大满"的缘由吧。在二十四节气中，小满是一个充满哲理的节气。小满者，满而不损也，满而不盈也，满而不溢也。《易经》原理及儒家传统讲究中庸之道，忌讳"太满""大满"。任何事物都有自己发展的极限，一旦达到或超过这一限度就会趋于衰落，或者向对立面转化。所以有"满招损，谦受益""物极必反"之说。故老祖宗在命名二十四节气时，只设"小满"而不设"大满"。

谦受益

《周易·谦卦·象》曰："谦谦君子，卑以自牧也。"这句名言流传数千年，已经深入人心，成为正人君子的座右铭。人们把它作为修身养性的标准之一，在坚持"谦"的过程中获得益处。

故事一：艺高更虚心

京剧大师梅兰芳，不仅在京剧艺术上有很高的造诣，而且是丹青妙手。他拜名画家齐白石为师，虚心求教，总是执弟子之礼，经常为白石老人磨墨铺纸,全不因为自己是名演员而自傲。

有一次,齐白石和梅兰芳同到一处人家做客。白石老人先到,他布衣布鞋,其他宾朋皆是社会名流,或西装革履或长袍马褂,齐白石显得有些寒酸,不引人注意。不久,梅兰芳到,主人高兴相迎,其余宾客也都蜂拥而上,一一同他握手。可梅兰芳知道齐白石也来赴宴,便四下环顾,寻找老师。忽然,他看到了被冷落在一旁的白石老人,就让开别人一只只伸过来的手,挤出人群向画家恭恭敬敬地叫了一声"老师",向他致意问安。在座的人见状很惊讶,齐白石深受感动。几天后,齐白石特向梅兰芳馈赠《雪中送炭图》,并题诗道:

记得前朝享太平,

布衣尊贵动公卿。

如今沦落长安市,

幸有梅郎识姓名。

梅兰芳不仅拜画家为师,他也拜普通人为师。他有一次在演出京剧《杀惜》时,在众多喝彩叫好声中,却听到有个老年观众说"不好"。

梅兰芳来不及卸装更衣,就用专车把这位老人接到家中。恭恭敬敬地对老人说:"说我不好的人,是我的老师。先生说我不好,必有高见,定请赐教,学生决心亡羊补牢。"

老人指出:"阎惜姣上楼和下楼的台步,按梨园规定,应是上七下八,博士为何八上八下?"

梅兰芳恍然大悟,连声称谢。以后,梅兰芳经常请这位老先生观看他演戏,请他指正,称他为"老师"。

故事二:少说显大气

20世纪中国教育家和文化先驱之一蔡元培先生有过这样一件轶事:一次伦敦举行中国名画展,组委会派人去南京和上海监督选取博物院的名画,蔡先生与林语堂都参与其事。法国汉学家伯希和自认是"中国通",在巡行观览时滔滔不绝,不能自已。为了表示自己是内行,伯希和向蔡先生说,"这张宋画绢色不错","那张徽宗鹅无疑是真品",以及墨色、印章如何等等。林语堂注意观察,只见蔡先生不表达赞同或反对意见,只是客气地低声说"是的,是的",一脸平淡冷静的样子。后来伯希和若有所悟,闭口不言,面有惧色,大概从蔡元培的表情和举止发觉自己说错了什么,出了丑自己还不知道呢!林语堂后来在谈到蔡元培先生时,还就伯希和一事感叹说:"这是体现中国人有涵养和反映外国人爱卖弄的一幅绝妙图画。"

故事三:君子慎其独

这是曾国藩写给弟弟们的信:

"吾人为学,最要虚心。尝见朋友中有美材者,往往恃才傲物,动谓人不如己,见乡墨则骂乡墨不通……只为不肯反求诸己,便都见得人家不是,既骂考官,又骂同考而先得者。傲气既长,终不进功,所以潦倒一生,而无寸进也。余平生科名极为顺遂,惟小考七次始售。然每次不进,未尝敢出一怨言,但深愧自己试场之诗文太丑而已。至今思之,如芒在背。当时之不敢怨言,诸弟问父亲、叔父及朱尧阶便知。盖场屋之中,只有文丑而侥幸者,断无文佳而埋没者,此一定之理也。"

曾国藩精通《易经》,多年的修身和反躬自省使他明白一个道理——满招损,谦受益。凡事不可太过,太过则会背向而行。所谓"月盈则亏""物极必反",因此,在京城多年的为官中,他在每次获得晋升时都自认为德不配位,如芒刺在背,深感惶恐惭愧。他认为,凡事不要过于计较,有本事的人早晚也会得见天日,只有虚心的人才能走得更远,恃才傲物者终究会潦倒一生,没有长进。

曾国藩在风头正盛之时,能够急流勇退,流芳千古,正因他精通易理,得其精髓。

《易经》中"谦谦君子,卑以自牧"的道理,给中国人重要的启示:谦逊是终身受益的美德。一个懂得谦逊的人是一个真正懂得积蓄力量的人，谦逊使自己有更多机会汲取能量，避免给别人造成太张扬的印象，从而给身边的人一个宽松的环境，使他们也不断积累经验与能力，最后得以成功。

节有度

说到谦逊，《易经》中的节卦不能不提。节卦在《易经》中排在第六十卦。节卦是很有意思的一卦，有着重要的意义。下面我们来分析研究一番：

坎

兑

节卦

节卦，这个卦是异卦相叠，下卦为兑，上卦为坎。兑为泽，坎为水。泽有水而流有限，多必溢于泽外。因此，要有节度，故称"节"。天地有节度才能常新，国家有节度才能安稳，个人有节度才能完美。

节卦的卦画，为三个阳爻和三个阴爻，其排列顺序与涣卦的卦画正好相反，节卦与涣卦互为覆卦。节卦的卦象：从卦象上进行分析，节卦上卦为坎为水，下卦为兑为泽，泽上有水便是节卦的卦象。水会由高至低不停地流动，可是如果经过一个浅坑，水便会被积蓄而不再往前流。沼泽比地面要低，下雨时或其他河水流经沼泽地时，便会在这里积聚。所以，积水成泽便是节卦的大形象。

节卦位于涣卦之后,《周易·序卦》中这样解释:"物不可终离,故受之以节。"一直离散、涣散下去,并不适宜,所以接着要谈节卦。节卦与涣卦相反,互为综卦,交相使用。《象传》中这样解释:"泽上有水,节;君子以制数度,议德行。"

需要指出的是,节卦的卦象是兑(泽)下坎(水)上,为泽上有水之象,象征以堤防来节制。水在泽中,一旦满就溢出来,而堤防本身就是用来节制水的盈满的。君子应当效法节卦的义理,制定典章制度和必要的礼仪法度作为行事的准则,以此来节制人们的行为。节卦象征万物有节,告诉人们节制的道理。

笔者听朋友讲了这样一个故事:

我有一个朋友是非常有名的画家,有一天我去找他,走进他家的花园,看到里面有一只非常巨大的乌龟,有几百斤重,背上长满了星星花纹,很漂亮。我问他乌龟是哪里来的,他说:"从巴西带回来的。"

原来,他去巴西开画展时看到这只乌龟很漂亮,想把它带回家。可是乌龟没法带上飞机,因为太巨大,只能用船运,这需要三个月的时间。他就做了一个柜子把乌龟装进去,然后用货柜装上轮船。他想,这一路上乌龟没吃没喝,也没有阳光,一定会死掉,他又转念一想:乌龟死了就算了,因为我喜欢乌龟的壳而不是它的肉。

三个月以后,乌龟运到了,他到港口去接。意想不到的事情发生了,乌龟的头从柜子里伸出来,脸上带着神秘的微笑。

大家不妨注意,据说凡是面带微笑的动物都活得很久,乌龟、海豚、鲸鱼、大象、白鹤,它们脸上都带着微笑;凡是面相很凶恶的动物,活的时间大概都不会很长,狮子、老虎、豹子、豺狼的面相都很难看。

我问乌龟好不好养,他说:"很好养!一天早上吃两根香蕉,晚上吃两根香蕉就够了。"那天忘了带相机,我就跟朋友说好两个星期以后来跟乌龟合影。

两个星期后,我去找朋友,发现乌龟死了,在他的书桌上,只剩下一个壳。三个月不吃不喝还活着的乌龟,为什么两个多星期就死了?原来,朋友要去高雄开画展,想到这只乌龟没有人养,就买了两串香蕉,把乌龟叫过来说:"你每天早上吃两根,下午吃两根,知道吗?"乌龟一直跟他点头,脸上还带着神秘的微笑。他确定乌龟已经听懂了,就去开画展。他回来以后发现乌龟死了,香蕉也不见了,找兽医来解剖乌龟,一剖开,乌龟满肚子香蕉。原来让它两个星期吃掉的香蕉,它一天就全部吃光了。

人如果不节制,也会跟这只乌龟一样。欲望得到满足的一刻是非常短暂的,而且欲望是永远不能得到完全满足的。为了这么短暂的满足而失去生命,实在不值得。

《说文》中说:"节,竹约也。"也就是说,节的本义是竹节。竹节把一根竹子分为数节,使每一节都有一个适中的长度,并且把每节竹子连接起来,所以"节"字的引申义是节制、限制、节俭、衔接、关联的意思。气候的变化使一年形成四季,这四季就是四个"节"。"节"使每个季节的时间保持适中,既不过长,也不过短,并且把四季按顺序连接起来。我们平时所说的过节,其实指的是跨过时间上这个衔接环节的意思。迁徙的人不可能永远处于漂泊状态,肯定会找到属于自己的乐土。于是,在乐土与漂泊之间便有一个过渡的"节",所以涣卦的后面是节卦。这也就是《周易·序卦》中所说的:"物不可以终离,故受之以节。"

由此看来,与节卦最有联系的事物就是竹子,卦与竹似乎不能分割。

"未出土时先有节,到凌云处仍虚心。"这两句诗化用宋代诗人徐庭筠的《咏竹》,原诗是:"不论台阁与山林,爱尔岂惟千亩阴。未出土时先有节,便凌云去也无心。葛陂始与龙俱化,嶰谷聊同凤一吟。月朗风清良夜永,可怜王子独知音。"

有一个成语"虚怀若谷","虚"就是谦虚,"怀"就是胸怀,"谷"即为山谷。这个成语的意思就是,谦虚的胸怀像山谷一样,而竹的"腹中空空"

正好形象地表明了它的谦虚。腹中无物,就必须从外界不断地汲取营养,不断充实自己,永不满足。谦虚是竹最显著的精神。

竹子的气节表现为挺拔不折,刚正不阿,高风亮节,岁寒不凋,不求奢华虚名。"咬定青山不放松,立根原在破岩中。千磨万击还坚劲,任尔东西南北风。"郑板桥这几句诗很贴切地表现出了竹的精神。竹总是在默默地生长,不管在什么地方都有竹的身影,在高低起伏的山上,或者山沟,或者其他对生长非常不利的地方,竹总能坚韧不拔地挺过去。尽管竹受过千千万万的困难,但无论苦难多么大,它也总能挺住。在生活中,人也应该努力让自己像竹一样坚韧挺拔。

低调做人、谦虚谨慎是一种品格,并不是一味地卑躬屈膝,表现出一副奴颜媚骨的样子。

"人不可有傲气,但不可无傲骨。"艺术大师徐悲鸿这句话道出了一个深刻的人生哲理,表现出做人的气节。1928年,徐悲鸿受聘为北平大学艺术学院院长,他独具慧眼,逆反潮流,三顾茅庐,恳请齐白石担任教授。他想重用在作品上既有浓厚的民族特色又不落古人窠臼、造诣高深的齐白石,给画界和艺院带来清新之风。但保守派不仅不能接受他的观点,而且极力反对和破坏,对他诽谤刁难。徐悲鸿对此毅然拂袖而去,宁可放弃丰厚的院长薪金,也不愿随波逐流。徐悲鸿在创作上,更能体现他的傲骨精神。

第四章

从『天有不测风云』看居安思危之道

忧患意识体现中华民族的人生哲学和生存智慧，也是中国文化的基本精神之一。中华民族忧患意识的形成与《易经》有着直接、密切的关系。

《易经》全书贯穿着强烈的忧患意识，可以说是一部忧患之书。《周易·系辞下》曰："君子安而不忘危，存而不忘亡，治而不忘乱，是以身安而国家可保也。"这种居安思危的忧患思想，数千年来深刻地影响着中国人的思维，以至出现了大量脍炙人口的词句，例如，"生于忧患，死于安乐""祸兮福所倚，福兮祸所伏""天有不测风云，人有旦夕祸福""有备无患"等。

《易经》从第一卦乾卦到最后一卦未济卦，几乎都在强调要有居安思危的戒惧之心，这与作者当时所处环境有紧密的关系。第一个明确指出这点的是孔子。孔子在《周易·系辞下》说："易之兴，其于中古乎？作易者，其有忧患乎？""易之兴也，其当殷之末世，周之盛德邪？当文王与纣之事邪？是故其辞危。"其意是：《易经》的兴起，是在中古时代吧？《易经》的作者，是内心有忧患吧？《易经》的兴起，大概在殷朝末年，周朝时将其弘扬光大吧？在周文王受到殷纣王迫害的时候吧？所以卦爻辞多有忧患之义。这既是孔子读《易经》的一种直接感受，又是他经过认真分析研究得出的结论。

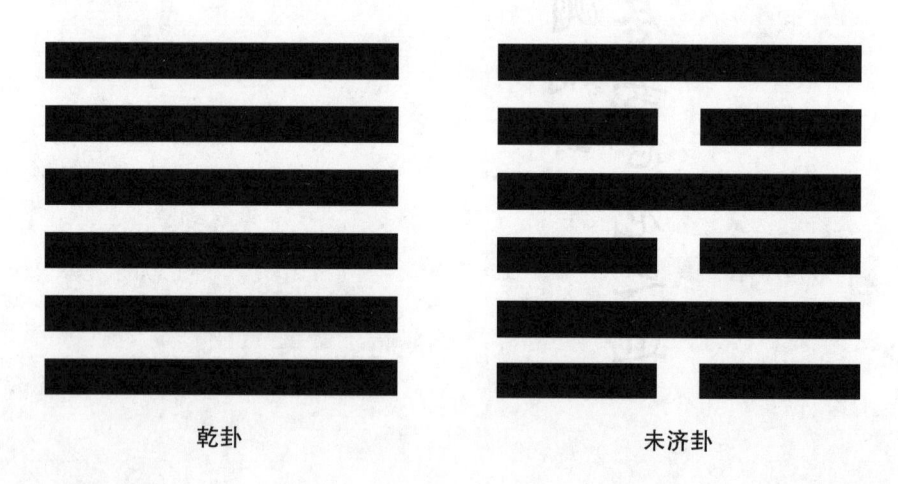

乾卦　　　　　　　　　　未济卦

商朝末年，殷纣王把周文王姬昌囚于羑里城，周文王整日研读伏羲的八卦，终得其精髓，灵感大发，遂将八卦推演为六十四卦。诸位可以想象一下，一个身陷囹圄的人，心情肯定不愉快，危机意识、忧患意识会油然而生，周文王遂很自然地将这种意识带入到所推演的六十四卦当中。所以，连孔子也不禁发出这样的感慨："易之兴，其于中古乎？作易者，其有忧患乎？"

《易经》第一卦乾卦的卦辞是"元亨利贞"，体现的是生生不息，给我们展现的是宇宙万物轮回没有穷尽、天道刚强健进、人道自强不息的美好壮丽的情景。可是，到九三爻预期发生根本变化，风云突变，就一改卦辞的说法，直截了当地提出了"夕惕若厉"的警告。此句的意思就是，每天晚上要进行自我反省，提前做好预防，这样，就算危险来临，也不会有什么灾难。

《易经》最后一卦是未济卦，所要阐明的是宇宙万物发展无尽头，有的事成功了，有的事还未成功，并且存在危险，小心谨慎方能成就未竟之业。

生于忧患　死于安乐

前面已经讲到，《易经》中的乾卦就涉及忧患问题，给人们一个强烈的冲击。

为什么呢？你看，乾卦是《易经》的第一卦，代表的是无所不能的"天"，描述的是叱咤风云的"龙"，可它说完"元亨利贞"后就不全往好里说了，说完"惕龙"还意犹未尽，最后又说个"亢龙"。不要以为是作者成心给大家添堵，这其实是恰到好处的警告。数千年来，中国人觉得这个警示很受用，归结成一句座右铭就是"生于忧患，死于安乐"，我们应该将其牢记于心，用之于行。

"生于忧患，死于安乐"出自《孟子·告子下》。原文是这样的："舜发于畎亩之中，傅说举于版筑之间，胶鬲举于鱼盐之中，管夷吾举于士，孙叔敖举于海，百里奚举于市。故天将降大任于斯人也，必先苦其心志，劳其筋骨，饿其体肤，空乏其身，行拂乱其所为，所以动心忍性，曾益其所不能。人恒过，然后能改；困于心，衡于虑，而后作；征于色，发于声，而后喻。入则无法家拂士，出则无敌国外患者，国恒亡，然后知生于忧患而死于安乐也。"

上述文字的大致意思是：舜从田间被尧起用，傅说从筑墙的泥水匠中被选拔，胶鬲从贩卖鱼盐的人中被录用，管仲从狱管手里获释被录用为相，孙叔敖从隐居的海边进了朝廷，百里奚从市井之间登上了相位。因此，上天将要降下重大使命给到这样的人身上，一定要先使他的意志得到考验，使他伤筋动骨，使他经受饥饿，使他身无分文，有意干扰他的行为，用这些来激励他的心志，增加他所不具有的能力。一个人常常会犯错误，但改了就好。内心忧困，坚持思考，才会奋起作为。内心的想法显露在脸上，体现在言语中，最后才能明白。如果在国内没有坚守法规的大臣和足以辅佐君王的贤士，在国外没有与之匹敌的邻国和来自外国的祸患，这样的国家往往容易灭亡。这样人们才会明白，忧虑患害使人得以生存，安逸享乐却足以使人败亡。

先圣的这一大段话与《易经》的忧患思想是一脉相承的。"生于忧患，死于安乐"这一句，把乾卦中的"潜龙""见龙""惕龙""跃龙""亢龙"的特点，分析得更深刻、更透彻，用更直观、更震撼的语言直击人们的心灵。《周易·系辞下》说："君子安而不忘危，存而不忘亡，治而不忘乱，是以身安而国家可保也。"意思是说，君子在安定的时候不忘记可能出现的危险，在生存的时候不忘记可能灭亡，在国家大治的时候不忘记可能出现的祸乱。所以，这就能使本人身体安宁，国家也得以保全了。

当然，人们对忧患意识的认识，不光是几句名言、几篇"鸡汤文"，更重要的是数千年的实践，证明这是一条颠扑不破的真理，忧患意识成了中国人心中的一个信条。

安逸时要思忧。安逸的生活往往使人变得不思进取，灾祸就会来临。

后唐庄宗李存勖，前期他为实现父亲的遗志，奋发图强。他父亲李克用临终前给他三支箭，嘱咐他完成三件大事：一是讨伐刘仁恭；二是征讨契丹；三是消灭宿敌朱全忠。李存勖励精图治，最终实现了父亲的遗志，并且建立了"唐"国，史称"后唐"。但他建国之后，就开始过着骄奢淫逸的生活。

他昏昧无知，冤杀大将，宠幸伶人到无可复加的程度，最终被叛军杀害。

有一个著名的"煮蛙效应"实验。如果将青蛙放到沸水中，青蛙会立刻跳出来。而将青蛙放在凉水的大锅里，将锅里的水慢慢加热，刚开始青蛙觉得这一温度正合适，它便失去了警惕，没有了危机意识，反而很享受。然而，当青蛙感觉到危险时，它已经没有能力从水里逃出来了。

煮蛙效应启示我们要时刻具备危机意识，居安思危，防微杜渐。量变的过程虽然微不足道，但是量变最终会引起质变。当水温发生质的变化后，青蛙即使想跳出来也已无力回天。煮蛙效应使得"生于忧患，死于安乐"的道理更加直观。

人天生就是有惰性的，总想安于现状，不到迫不得已时多半不愿改变已有的生活。若一个人久久沉迷于这种无变化、安逸的生活，就会忽略周边环境等变化，当危机到来时就像那只青蛙一样只能坐以待毙。

《易经》本身就是一部忧患之作，《周易·系辞下》对此一语道明："易之兴，其于中古乎？作易者，其有忧患乎？""其出入以度，外内使知惧，又明于忧患与故，无有师保，如临父母。"作为忧患之作的《易经》，通篇充满忧患意识，《易经》中的"凶""不利""悔""咎""吝""厉"等大量爻词断语就表明了这点。

淳于髡，战国时期齐国著名的政治家和思想家，是齐国的一位入赘女婿。淳于髡身高不足七尺，为人滑稽，能言善辩。淳于髡屡次为齐国出使诸侯国，从未受过屈辱。

齐威王刚刚继位时，纵情享乐，彻夜沉醉于酒宴之中，不理政事，将国家政务全部委托大臣处理。上行下效，齐国的文武百官也都荒淫放纵，国家政事荒废，各诸侯国屡屡前来侵犯，齐国危在旦夕。齐威王身边的近臣虽然担忧国事，但都不敢进谏。

淳于髡知道齐威王喜爱猜谜语，就去见齐威王，用隐语劝谏齐威王说："国中有一只大鸟，落在大王的庭院里，三年不飞又不叫，大王猜这是什么鸟?"齐威王说:"这只鸟不飞则已,一飞就直冲云霄;不鸣叫则已,一鸣叫就要惊人。"

齐威王在淳于髡的提醒下,幡然醒悟,决心整顿国家内政,振兴齐国。

齐威王派人去齐国各地视察,了解各地地方官吏治理政务的情况,对各地官员治理政务的情况了然于胸。

齐威王将治理政务业绩突出的即墨大夫召来,对他说:"自从你到即墨地区以来,每天都有人来我这里诋毁你。然而我派人去视察即墨,看见即墨的田野被开辟出来,人民衣食充足,官府里没有延误耽搁的公事。国家的东方因此而安宁。这是由于你不巴结我的左右近臣来求取赞誉的缘故。"说罢,赐封即墨大夫一万家人口的食邑,以示表彰。

齐威王又将治理政务业绩最差的阿地大夫召来,对他说:"自从你去守卫阿城,我每天都能听到赞誉你的话。然而我派人去视察阿地,阿地的田野没有得到开垦,人民生活贫困。前些时候赵国攻打甄地,你不能救助。卫国夺取了薛陵,你不知道。这是因为你用金钱财物重重地贿赂我的左右近臣以求得赞誉的缘故。"说罢,齐威王命令将阿地大夫烹死,然后将自己身旁近臣中曾经称誉阿地大夫的人也全都烹死。

齐国上下都对齐威王的行为感到震惊和畏惧,官员们从此谁也不敢文过饰非,全都竭尽忠诚为国家服务。齐国的政治面貌因此焕然一新。

齐威王将国家内政整顿好之后,出兵攻击赵国和卫国。齐军击败赵国,赵国归还了从前占领的齐国长城地区。

此后,齐国又出兵攻打魏国。齐军在浊泽打败了魏军,将魏惠王围困。魏惠王无奈,将观城地区献给齐国,与齐国媾和。

各诸侯国对齐国的变化感到震惊,全都对齐国刮目相看,各国从此有二十多年不敢对齐国发动战争。

顺利时不忘忧。《周易·乾卦·文言》曰:"'亢'之为言也,知进而不知退,知存而不知亡,知德而不知丧,其为圣人乎?知进退存亡而不失其正者,其唯圣人乎!"这句话的意思是,只知进而不知退,只懂得生存而不懂得灭亡,只知所得而不知所失,这是圣人吗?知进退存亡之理而不失正道,这大概就是圣人吧!这是用阴阳对比的表述方式提供了一个正确答案,知进退存亡而不失正道,从而居安思危。

得意时不忘形。虽然有诗曰:"人生得意须尽欢。"此句也仅仅代表诗人当时的一种心境,切不可当作人生的信条。得意时不忘忧,这是经验的总结,也是血的教训。

还有一个词更有警示作用,就是"乐极生悲"。它与《易经》阐述的泰极而否原理如出一辙。

1368年,草根出身的朱元璋在南京称帝,标志着大明王朝的建立。然而,刚建立起来的明王朝周边环境并不安定,为了加强边防,朱元璋将自己的几个儿子分封到边疆,以此来拱卫明朝。诸王之中以秦王朱樉、晋王朱棡与燕王朱棣的势力最大。

1399年,朱棣挥军南下,发动了历史上著名的"靖难之役"。出兵的理由是侄子皇帝身边出现了奸臣(黄子澄和齐泰),叔叔要帮忙清理奸臣,其实也就是要跟朱允炆争夺大明帝国的帝位。靖难之役的初期,由于朱允炆的中央军实力过于强大,朱棣胜少负多,只要朱允炆不犯太多低级错误,朱棣是必败无疑。可是,就是这么一手好牌,却接连被朱允炆打得一塌糊涂。先是为了不背负杀叔的骂名,朱允炆屡屡错失除掉朱棣的良机。

1402年,也就是靖难之役的第四个年头,朱棣兵临南京城下,李景隆等人打开城门,燕军进入南京,建文帝朱允炆不知所踪,成为历史谜案。进入南京的朱棣可是志得意满,心里不可谓不畅快,因为接下来他就是整个大明帝国的最高统治者了。就在朱棣得意扬扬准备进入南京城时,旁边有一个大臣对朱棣说了一句话,朱棣立马缓过劲来直奔朱元璋的陵寝。这个提醒朱棣的人叫杨荣,此人是明朝历史上著名的"三杨"之一。杨荣对朱棣说的一句话是:殿下你是先拜祭太祖的皇陵还是先当皇上呢?朱棣是个聪明人,立马就明白过来了，因为先拜谒朱元璋表明了他是即位于朱元璋，但如果直接去即位岂不是成了从朱允炆那里接下皇位？这是于理不符的。看似杨荣一句话提醒了朱棣，实际上朱棣骨子里就有"得意不能忘形"的忧患意识。

古人把"忧"的意识不断深化、不断翻新，最有代表性的莫过于范仲淹的《岳阳楼记》。

我们来看一看被后人认为是最精彩的那一段："不以物喜，不以己悲；居庙堂之高则忧其民；处江湖之远则忧其君。其进亦忧，退亦忧。然则何时而乐耶？其必曰：先天下之忧而忧，后天下之乐而乐。"这段话的意思是：不因外物好坏和自己得失而喜或悲。在朝廷上做官时，就为老百姓担忧；在江湖上不做官时，就为国君担忧。这样说来，在朝廷做官也担忧，在僻远的江湖也担忧。既然这样，他们怎么才会感到快乐呢？他们一定会说：在天下人忧之前先忧，在天下人乐之后才乐。

这段话把忧患意识提升到了一个新的高度，从而在中华大地上被千古传颂。"先忧后乐"的观点，描绘了一个人与人的关系、社会和谐的理想状态，为人们所推崇千年。

很有意思的是，写《岳阳楼记》的范仲淹竟然压根儿就没有去过岳阳。看过文章的人，都会认为范仲淹在洞庭湖、岳阳楼做了多么深入细致的考察调研，才写出这么振聋发聩、发人深省的调研文章。其实不然，范仲淹作《岳阳楼记》时，正在河南的邓州做官。北宋庆历六年（1046年），范仲淹应好友巴陵郡守滕子京之请，为重修岳阳楼写记。范仲淹凭着他人的描述和一张草图，以及自己长期的积累，写出了气势磅礴、壮美恢宏的洞庭湖和岳阳楼，还赋予了深刻的政治思想。如果不是史料记载，谁能相信范仲淹未曾登过岳阳楼呢？

范仲淹不仅文章写得好，对"先忧后乐"思想还努力做到身体力行。

范仲淹在任苏州知州时，想在城里买一块土地，造一所房子。

苏州老百姓都知道范仲淹是个好官，因此，不少人都在为他踏勘地形，物色地方。

一日，有位白发苍苍的老人求见范仲淹，说："我是苏州城里的风水先生，特来向大人介绍一块地方。"

范仲淹问："不知在哪里？"

老人道："就是沧浪亭西边的那块荒丘。苏州城是龙穴宝地，卧龙街（现在的人民路）笔笔直直，是龙身；街上砌的石块，是龙的鳞片；北寺塔高高矗立，是龙的尾巴；那龙的头，就是那块荒丘。大人买下这块宝地，兴建住宅，一则可以镇住龙头，二则将来子孙会科甲不断。"

正在这时，苏州开考，考生成绩平平。范仲淹想，成绩不佳，恐怕与缺乏名儒指点有关。他不禁想起了孔子办学，决定在苏州创办一所州学，州学办在哪里好呢？范仲淹决定造在风水先生说的那块"龙头"上。范仲淹一面筹集资金，一面叫人设计，在荒丘上建造州学。

动工那天，风水先生兴冲冲地来到工地上，见了范仲淹，高兴地说："大人，是贵府动工了吧？"

范仲淹道："不，不是造私宅，是造州学。"

老人听了，着急地说："这可是一块宝地哪！造个私宅，你子孙可以万世昌盛呀！"

范仲淹道："我一家的子孙昌盛有何用？倒不如叫大家的子孙昌盛。先天下之忧而忧，后天下之乐而乐。苏州没有府学，读书人没有深造的地方，考不中进士、状元呀。"

不到一年工夫，州学造好了，面阔七间，红柱粉墙琉璃瓦，十分宏伟。范仲淹不仅自己在州学讲学，还请来了社会名儒，向学生传经授道。从此，苏州地方的读书氛围越来越盛，考取进士、状元的人也越来越多。

母亲去世后，范仲淹欲寻一块墓地，按当时习俗，他与一名风水先生同去选墓地。风水先生指一处对他说"此为宝地，后世当出贵人"，又指另一处说"此为万箭穿心的绝地，葬此地者后世子孙断绝，世代贫穷"。范仲淹听后，对手下人说："我既知这里是绝地，又岂能让他人葬此地而绝后，并且世代贫穷呢？将我母亲葬此吧。"

据考证，范仲淹还是一位易学大师，曾经写过很多辞赋文章，阐述对易学的理解。比较重要的有《易义》《四德说》《乾为金赋》《用天下心为心赋》《穷神知化赋》《蒙以养正赋》《易兼三材赋》等，这些文章足以让范仲淹在易学研究领域占据一席之地。在以后的日子里，他的大量碑记、书表、牒奏等文章大量引用《周易》内容，处处都闪耀着易学思想的光辉。

《岳阳楼记》中的忧乐观同样闪烁着易学的光芒，它沿袭了《易经》的忧患意识和乐天知命的心境，它所体现的易学理念显得那么自然、大气。一个人要做到先忧，必须有胆、有识、有志，这固然不容易，而一个先忧之士有了功绩还能后乐，就更加可贵。忧乐观所表现的吃苦在前、享乐在后的品质，在今天无疑仍有重要的教育意义。

祸兮福所倚　福兮祸所伏

《易经》认为，福与祸是一阴一阳，它们相互依存，并可以相互转化。

"祸兮福所倚，福兮祸所伏。"这一语出自老子，可以说是《易经》阴阳学说的另一个版本。祸中含福，福中有祸，在一定条件下，福会变祸，祸也能变福。

我们重温一个著名的故事：

战国时期有一位老人，名叫塞翁。他养了许多马，一天马群中忽然有一匹走失了。邻居们听到这事，都来安慰他不必太着急，年纪大了，要多注意身体。

塞翁见有人劝慰，笑笑说："丢了一匹马损失不大，没准还会带来福气。"邻居听了塞翁的话，心里觉得好笑：马丢了，明明是件坏事，他却认为也许是好事，显然是自我安慰而已。可是过了没几天，丢了的马不仅自行回家，还带回一匹骏马。

邻居听说马自己回来了,非常佩服塞翁的预见,向塞翁道贺说:"还是您老有远见,马不仅没有丢,还带回一匹好马,真是福气呀。"塞翁听了邻人的祝贺,反倒一点高兴的样子都没有,忧虑地说:"白白得了一匹好马,不一定是什么福气,也许会惹出什么麻烦来。"邻居们以为他故作姿态,心里明明高兴,却有意不说出来。

塞翁有个独生子,非常喜欢骑马。他发现带回来的那匹马身长蹄大,嘶鸣嘹亮,剽悍神骏,一看就知道是匹好马。他每天都骑马出游,心中扬扬得意。一天,他高兴得有些过头,策马飞奔,一个趔趄,从马背上跌下来,摔断了腿。邻居听说,纷纷来慰问。

塞翁说:"没什么,腿摔断了却保住性命,或许是福气呢。"邻居们觉得他又在胡言乱语。他们想不出,摔断腿会带来什么福气。不久,匈奴大举入侵,青年人被征入伍,塞翁的儿子因为摔断了腿,不能去当兵。入伍的青年都战死了,唯有塞翁的儿子保全了性命。

这个故事,成了一个经典成语——塞翁失马,焉知非福,流传千百年。

《易经》中还有两个直接代表祸福的卦,否卦和泰卦。

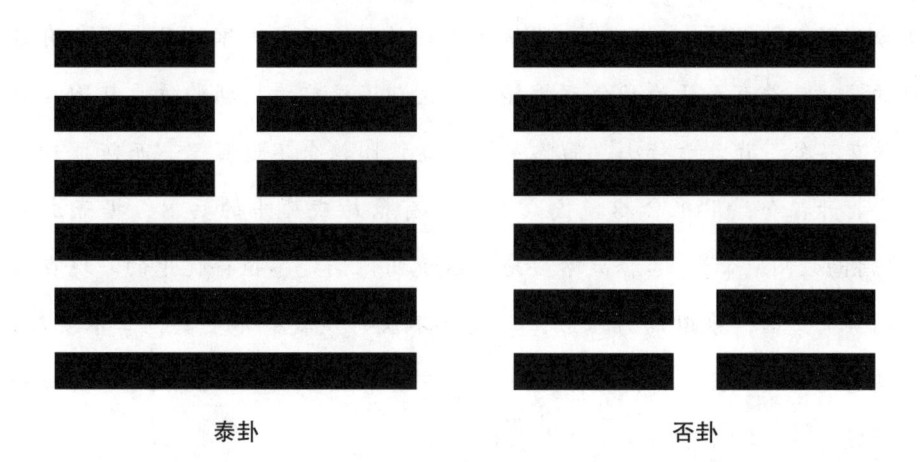

泰卦　　　　　　否卦

《周易·否卦》:"否之匪人,不利君子贞,大往小来。"《象》曰:"天地不交,否。"《周易·泰卦》:"泰,小往大来,吉亨。"《象》曰:"天地交,泰。"根据否、泰两卦原理，演变成两个著名的成语——否极泰来、泰极而否。《易经》所揭示的否与泰的相互转化、相互依托的规律，是祸福学说的基础，也影响着人们的处世思维。

东汉永初四年（110年），西北羌族发生叛乱，大将军邓骘因为筹措钱粮困难而打算放弃凉州，大家都表示赞同。这时，郎中虞诩站了出来，指出这一做法无异于饮鸩止渴，后患无穷。结果，皇帝听从了他的建议，凉州得以保全。

这事让大将军邓骘很没面子，恰好朝歌（今河南淇县）出了一个叫宁季的叛匪，率几千人造反，州郡官府都镇压不下去，于是邓骘灵机一动，上书推荐虞诩当朝歌县令。让一个手无缚鸡之力的儒生去平定叛乱，明眼人都看得出来，邓骘这明摆着是公报私仇，借刀杀人。为此，亲朋好友都劝虞诩，干不了就别干，服个软就行了。虞诩笑着说："立志不求容易，做事不避艰难，这是做一个臣子的职责。不遇到盘根错节，用什么来识别锋利的刀斧呢？"说完，虞诩就信心满满地前去朝歌上任了。

他做的第一件事，就是去拜见他的顶头上司、河内太守马棱。马棱对他也是非常不放心，说："你是一位儒家学者，应当在朝廷做谋士，为什么如今到了朝歌呢？"虞诩回答："从我上任的第一天，大家的目光里都有这样的疑问，没有人认为我会有所作为。我却不这样看。朝歌位于韩国与魏国的交界处，背靠太行山，面临黄河，离荥阳粮仓不过百里。而叛匪却不懂得打开粮仓，用粮食招揽民众，也没有抢劫武库中的兵器，据守成皋（今河南荥阳地带），占据战略要地。这说明他们是不值得忧虑的。现在叛匪的势头正猛，难以以力取胜，不过兵不厌诈。我一不要兵，二不要钱，只请您允许我放开手脚去对付他们，不要有所约束、阻碍就行了。"马棱将信将疑，点头答应了。

第二天，虞诩就命人在大街小巷贴满了招募勇士的布告，还下令各级官员根据自己所掌握的情况进行保举。大家定睛一看，都傻了眼。虞诩所招募的勇士分为三个等级。行凶抢劫的，属上等；斗殴伤人、盗窃财物的，属中等；好吃懒做的，属下等。这哪儿是招勇士啊？分明是招土匪流氓。

疑惑归疑惑，这样的人却并不难招，几天时间，就招到了一百多人。虞诩很高兴，下令举办宴会，亲自招待他们。他举起酒杯说："我知道你们过去都曾做过错事，现在给你们一次立功的机会，只要你们听从指挥，过去的罪行不论大小，全部一笔勾销。"这些人都欢呼起来。

于是，虞诩让他们混入叛匪之中，然后鼓动叛匪进村入镇抢劫，再提前把消息传递回来。官府则事先布下伏兵。不几天的工夫，就杀死叛匪几百人。

虞诩又从贫民中招募了一些裁缝，在他们受雇为叛匪制作衣服时，用彩线做上记号，结果这些叛匪只要在街市乡里一出现，就马上被官吏捉拿。这样一来，弄得这些叛匪心惊肉跳，怀疑有神灵在保护官府，于是四散奔逃，再也不敢在朝歌闹事，多年的叛乱就此平定。

虞诩让人们刮目相看，邓太后惊呼他有将帅的韬略，亲自在嘉德殿接见他，擢升他为武都（今甘肃东南部）太守，并厚加赏赐。

人生的过程难免会遇到小人的暗算或遭遇挫折，这也是一种不幸，然而，锋利的刀斧都是由艰难磨砺成的。倘若能像虞诩那样"立志不求容易，做事不避艰难"，用乐观的态度去对待不幸，不幸就会成为另一种幸运。

未雨绸缪　　有备无患

在《易经》忧患意识的影响下，人们从"亢龙有悔""泰极而否"等具有警示作用的卦爻中领悟到最有效的办法是：有备才能无患。这里的"备"，就是解忧除难的预案和办法，是应对"患"的思想准备和物质准备。

如何做到有"备"？中国人方法有很多，但存钱最具代表性。

存钱，正规的说法叫储蓄。据统计，中国是世界上储蓄率最高的国家，

10年前的国民储蓄率大概达到50%，现在仍在45%左右，还是全世界最高的。中国人的钱多得花不完吗？中国人特别爱存钱吗？非也，而是中国人受《易经》忧患意识的影响，未雨绸缪、有备无患的意识比西方人更强烈。

其实，《易经》中有一卦叫"小畜"。古代"畜"通"蓄"。小畜卦位于比卦之后，《周易·序卦》中这样解释："比必有所畜，故受之以小畜。""畜"的本义是田中作物茂聚，引申为积蓄，小蓄为一点点积蓄。畜是自然生命世界里的积蓄，牲畜更是古代农民家中的主要财产和积蓄，所以卦名写作"小畜"。

《周易·小畜卦·六四》中说："有孚，血去惕出，无咎。"

第四爻是小畜卦中唯一的阴爻，这个"有孚"经常出现，就是要有诚心、有信心、有慈悲心，"有孚"了就可以"血去"，免去血光之灾；"惕出"的"惕"是警惕，也代表一种恐惧，"惕出"就是会解除忧患和恐惧，"无咎"是没有灾祸。第四爻要守柔，它是阴爻处在阴位上，是得位的，所以一定要守住这个位置。

《易经》中还有一卦，叫"大蓄"，有"大的积蓄"的意思。

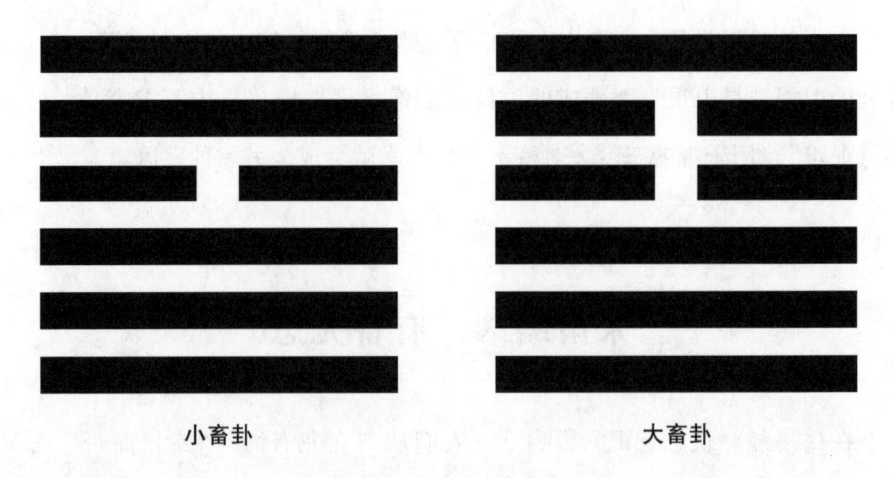

　　小畜卦　　　　　　大畜卦

大畜卦的主旨：畜而后动，寓进于畜，欲动先止，止而后动。当然，大畜不仅指财力的蓄积，还泛指才德及精神世界的不断丰富。

《周易·大畜卦·九三》中说："良马逐，利艰贞，日闲舆卫，利有攸往。"

《象》曰："利有攸往，上合志也。"

九三爻以阳居阳，当位得正，处乾卦之极，与上九之志相合而情不相孚，得畜蕴之极，其德已成，可以上进求取自己事业上的成就。

九三爻蕴畜已成，荷天下之重任在肩，正当惕厉反省、用功不已之时，如果锐意冒进，轻视成功路上所遇到的各种风险，恐怕会损害其刚健笃实的德行，导致各种不可预知风险，最终失去自己蕴畜已久的力量，给事业带来功败垂成的风险，为什么呢？因为九三爻正是"终日乾乾，夕惕若厉"之时，如果不能有临事而惧的忧患意识，则不可能有无往不利的胜利果实。

可以看出，不管是小畜还是大畜，得到积累之际便是暗藏风险忧患之时，这就是《易经》所蕴含的人生智慧。

还有一个词，也反映出人们的忧患意识，那就是"穷家富路"。顾名思义，意思是居家过日子可以节省些，出门在外最好多带些银两，以备不时之需。家人要出远门时，有一些情景几乎家家都会出现：

"多带点盘缠！路上以防万一，穷家富路啊。"这是家人的叮嘱。

"给，这里有点钱，虽不多，但在路上也能应个急。"这是朋友的心意。

是啊，自古以来，在生活不富裕的年代，在家里什么都好办，穷有穷的过法；一旦出门在外，做什么都得花钱，有时候一分钱难倒英雄汉啊！

《易经》第六十三卦为既济卦，《象》曰："君子以思患而豫防之。""豫"通"预"，这句话的意思是说，君子要时刻想到隐患并加以预防。

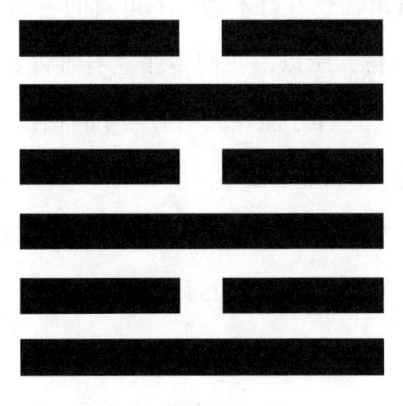

既济卦

唐肃宗上元二年（761年），郭子仪进封汾阳郡王，住进了位于长安亲仁里的金碧辉煌的王府。令人不解的是，堂堂汾阳王府每天总是门户大开，任人出入，不闻不问，与别处官宅门禁森严的情况判然不同。客人来访，郭子仪无所忌讳地请他们进入内室，并且命姬妾侍候。

有一次，某将军离京赴职，前来王府辞行，看见郭子仪的夫人和爱女正在梳妆，差使郭子仪递这拿那，竟同使唤仆人没有两样，那将军很是惊诧。郭子仪的儿子们也觉得老爷子身为王爷，这样做不太好，就一齐劝谏父亲以后做事分个内外，以免让人耻笑。郭子仪笑着说："你们根本不知道我的用意，我的马吃公家草料的有五百匹，我的部属、仆人吃公家粮食的有一千人。现在我可以说是位极人臣，受尽恩宠了。但是，谁能保证没人正在暗中算计我们呢？如果我修筑高墙，关闭门户，和朝廷内外不相往来，假如有人与我结下怨仇，诬陷我怀有二心，我就百口莫辩了。现在我大开府门，无所隐私，不使流言蜚语有滋生的余地，就是有人想用谗言诋毁我，也找不到什么借口了。"几个儿子听了这一席话，都拜倒在地，对父亲的深谋远虑深感佩服。

郭子仪历经玄宗、肃宗、代宗、德宗数朝，身居要职六十年，虽然在宦海也几经沉浮，但总算保全了自己和子孙，以八十多岁的高龄寿终正寝，给几十年戎马生涯画上了一个完美句号。这不能不归因于他的深谋远虑。

高明的人总是承认事物总有看不透、不可料的一面。事实上，世事诡谲，风波乍起，非人所能预料，所以，我们主张立身唯谨，避嫌疑，远祸端，凡事预留退路，居安思危，这样才能在人生海洋中自由遨游。

《周易·坤卦·初六》中说："履霜，坚冰至。"《象》曰："履霜坚冰，阴始凝也，驯致其道，至坚冰也。"就是说，脚下既已踩霜，坚冰必不在远。阴气开始凝聚，顺其自然发展下去，必至于结成坚冰。

初六

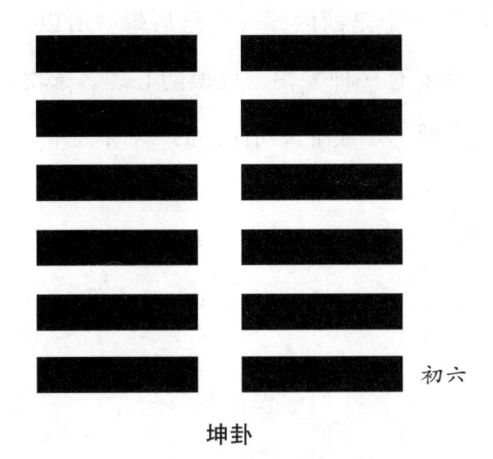

坤卦

　　宋真宗时，李沆做宰相，王旦任参知政事。当时正值西北边境战事吃紧，往往到了很晚才能吃饭。王旦长叹："唉！我们这些人，怎样才能遇到天下太平、优游无事的时候啊？"李沆说："稍有忧虑辛苦，才可让人警惕。假使哪天四方无事，朝廷里未必不会生出事来。"

　　后来，宋与契丹讲和了，王旦问李沆："何如？"李沆说："议和当然是好事。但一旦边疆无事，恐怕皇上又会渐渐生出奢侈之心。"王旦不以为然，李沆则每天收集一些水旱灾害、强盗、乱贼以及忤逆不孝的事禀奏皇上，皇上听了，抑郁不乐。王旦认为不值得拿这些琐碎事去烦扰皇上。李沆则说："皇上年少，应让他知道各方面的艰难，具有忧患意识。不然，他血气方刚，不是成天迷恋美女娱乐、斗狗跑马，就是大兴土木，征召军队，建祠立庙。我老了，看不到这一天了，而这些正是你参政之后的忧虑啊！"

　　李沆死后，宋真宗认为与契丹讲和了，西夏也对宋称臣了，果然在泰山封岱祠，在汾水建宗庙，大肆营造宫殿，搜集研究已废弃的典籍，没有闲暇之日。王旦亲眼看见王钦若、丁谓等奸臣的所作所为，想进言劝谏，自己却已经陷进去了；想离开朝廷，可念及皇上对他的厚爱，又不便辞官。北宋朝政因而不举，社会矛盾加深，使得宋王朝的"内忧外患"问题日趋严重。此时，王旦才认识到李沆的先见之明，感叹道："李文靖真是一位圣人啊！"

"履霜，坚冰至。"一个是前因，一个是后果。所以，人生要时刻警醒，在做每一件事之前，都要有一种警惕、戒惧的心理。未雨绸缪、居安思危是我们应该深刻领悟的道理，并且需长期保持的一种状态。

第五章

从『积善之家必有余庆』看德行仁义之道

中国人历来重视仁义道德,把"德"作为立身之本。《易经》通篇都在讲"德",强调做人做事要以德为先。《周易·坤卦·象》曰:"君子以厚德载物。"这是指道德高尚的人能够承担责任,君子应取法于德,凭借高深的品德来担负重大的责任,同时暗喻德行浅的人没有资格承担重任。

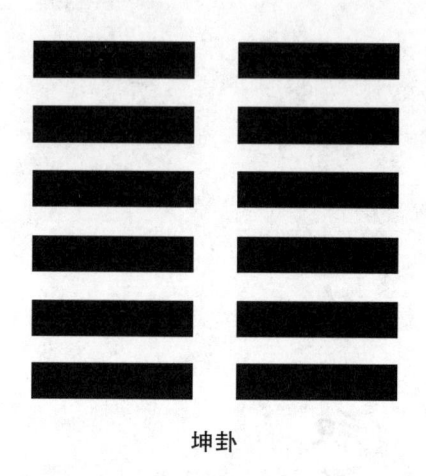

坤卦

坤卦是《易经》论德之总纲,"坤厚载物,德合无疆"的论述,决定了坤卦厚德领航导向的地位,其余之卦顺乎其然,则不能偏也。

孔子是将《易经》之德义弘扬光大的第一人,其通过《传》将"德"赋予《经》中,使易学和儒学之德融于一体,传世数千年。

三岁看大

中国自古就有这样一句话:"三岁看大,七岁看老。"它有很多方面的含义,既有教育学的,也有心理学的,但总的是强调从小进行品行教育的重要性。当然,"三岁"与"七岁"并非实指,而是虚指,只是说儿童此年龄段的性格将对他的将来产生很大影响,能够影响到他长大后的性格、品行等。

"孔融让梨"是流传千百年的一个道德教育故事。孔融四岁的时候,和哥哥们一起吃梨，孔融总是拿小的吃。有大人问他为什么这么做，他回答说："我年龄小，食量小，按道理应该拿小的。"宗族亲戚们看到孔融这么聪明早慧，这么小就懂道理，都认为他是个奇才。这个故事告诉人们，凡事应该遵守公序良俗，这些都是年幼时就应该知道的道德常识。

"孔融让梨"的故事有很大的教育意义，后人将它写入《三字经》："融四岁，能让梨。"自古以来，人们对从小开始进行品德教育十分重视。

其实，孔融的家庭背景很不一般，他是孔子的二十世孙，在朝廷做过武官和文官。后人将孔融树为道德典型，将让梨的故事编入书中，让后世传颂，足见费尽心机。如果树立一个普通小孩的形象，则影响力不够大，不足以体现家庭对孩子品德形成以及从小有良好教育的重要性。"孔融让梨"的故事是从古至今宣传典型、树立榜样的成功案例。

《易经》中有一卦为蒙卦，"蒙"是蒙昧、幼稚的意思，也有启蒙、教育的含义。《周易·蒙卦·象》曰："蒙以养正，圣功也。"意为将蒙昧无知的人培养成具有贞正之德的人，那是圣人的功业。《三字经》堪称"蒙学之冠"。

蒙卦

国学大师南怀瑾先生说："中国文化的教育思想、政治思想，都取用这个蒙卦，所以中国古代的教育以人格的教育为主。现在不用了，现在是生活的教育、技术的教育，古代教育的目的在'养正'——完成一个人格，这是圣人的事业,是一种功德,不是今日动辄讲'价值'所可比拟的了。"

孟母断织的故事:

孟子之少也,既学而归,孟母方绩,问曰:"学何所至矣?"孟子曰:"自若也。"孟母以刀断其织。孟子惧而问其故。孟母曰:"子之废学,若我断斯织也。夫君子学以立名,问则广知,是以居则安宁,动则远害。今而废之,是不免于厮役,而无以离于祸患也。何以异于织绩而食?中道废而不为,宁能衣其夫子,而长不乏粮食哉?女则废其所食,男则堕于修德,不为盗窃,则为虏役矣!"孟子惧,旦夕勤学不息,师事子思,遂成天下之名儒。君子谓孟母知为人母之道矣。

上文大意是:

孟子小的时候,放学回家,他的母亲正在织丝,(见他回来)问道:"学习怎么样了?"孟子漫不经心地说:"跟过去一样。"孟母见他无所谓的样子,十分恼火,用剪刀剪断织好的布。孟子害怕极了,就问他母亲这样做的原因。孟母说:"你荒废学业,就如同我剪断这丝一样。有德行的人学习是为了树立名声,多问才能增长知识。所以平时能安宁,做起事来就可以避免祸害。你现在荒废了学业,就不免于做下贱的劳役,而且难于避免祸患。这和依靠织布而生存有什么不一样呢?假如中途废弃而不做,哪能使她的丈夫和儿子有衣服穿并且长期不缺乏粮食呢?女人如果荒废了生产家里需要的生活必需品,男人放松了自己的修养和德行,那么一家人即使不做强盗小偷也只能做奴隶劳役了!"孟子吓了一跳,自此,孟子从早到晚勤奋学习不休息,拜子思为老师,终于成了天下有大学问的人。有德行的人认为孟母懂得作为母亲的法则。

孟母教子有方,许多故事已深入人心。让我们来重温孟母三迁的故事:

有一次,孟子一家住在墓地旁边。孟子就和邻居的小孩一起学着大人跪拜、哭嚎的样子,玩起办丧事的游戏。孟子的妈妈看到了,就皱起眉头:"不行!我不能让我的孩子住在这里了!"孟子的妈妈就带着孟子搬到市集旁边去住。到了市集,孟子又和邻居的小孩,学起商人做生意的样子。一会儿鞠躬欢迎客人，一会儿招待客人，一会儿又和客人讨价还价，学得像极了！孟子的妈妈知道了，又皱皱眉头："这个地方也不适合我的孩子居住！"于是，他们又搬家了。这一次，他们搬到了学校附近。孟子开始变得守秩序、懂礼貌、喜欢读书。这时候，孟子的妈妈很满意地点着头说："这才是我儿子应该住的地方呀！"后来，大家就用"孟母三迁"来表示，人从小应该要接近好的人和事，长大后才能有作为。

孟母既是"教育家"，又是"心理学家"。她深谙"三岁看大，七岁看老"的道理，把对儿子的爱，化成正确施教的实际行动，使孟子成为古代著名的思想家、教育家、政治家，为创立孔孟之道做出了巨大贡献。

"小时偷针，长大偷金"的故事在民间盛为流传，讲的是一个母亲见孩子拿人家的小东西，不但不制止和教育，反而赞扬孩子"能干"。结果，这个孩子长大后偷金盗银，犯了死罪。临刑前，他借口想吃母亲的一口奶，却将母亲的乳头咬掉，以此责怪母亲纵容他走上犯罪道路。今天，小孩偷个针头线脑的东西，家长不去及时制止；明天，孩子捅了"天大的窟窿"，家长就只能"望天兴叹"了。

与人为善

善，是德的另一种表现形式，是德的应有之义。《周易·坤卦》中说："积善之家，必有余庆；积不善之家，必有余殃。"这段话用"善有善报，恶有恶报"来解释更容易理解。中国人的这种观点与西方人的观点极为相似。西方人认为，做善人死后升天堂享福，做恶人死后下地狱受罪。我们来看看这样一个故事：

有一个人在离开人世的时候，请求上帝允许他提前参观一下天堂和地狱，以便做出比较，从而能聪明地选择他的归宿。他首先来到魔鬼掌管的地狱，乍一看，他十分吃惊，简直不敢相信自己的眼睛。因为地狱并非他想象中的那么可怕，他看到的是，所有人都坐在酒桌旁，桌上摆满了各色美味佳肴，包括肉类、水果、蔬菜。

然而，当他走近仔细观察那些人时，竟然发现没有一张笑脸，也没有伴随盛宴的音乐或狂欢的迹象。坐在桌子旁边的人看起来都闷闷不乐、无精打采，而且瘦得只剩皮包骨了。原来，每个人的左臂上都捆着一把叉，右臂上捆着一把刀，刀叉都有四尺长的把手，使它不能用来进吃，所以即使每一样食物都有并且就在他们手边，但他们还是吃不到，一直在挨饿。

然后，他又去了天堂，没想到景象其实跟地狱完全一样——同样的食物、刀、叉和那些四尺长的把手。然而，天堂里的居民都在唱歌、欢笑，个个像天使般满面春风、神采飞扬。这个参观者一下蒙了。他奇怪为什么情况相同，结果却如此不同呢？为什么地狱里的人都在挨饿而且可怜兮兮，可天堂的人酒足饭饱而且很快乐？带着一脸疑惑，他走近观察，最后终于找到了答案。原来，地狱里的每个人都试图喂自己，可是一刀一叉以及四尺长的把手是根本不可能把食物送到自己嘴里的；而天堂的每个人都在喂对面的人，也津津有味地吃着对面的人喂来的食物。因为他们互相帮忙，结果也帮助了自己。

帮助别人其实就是帮助自己，这就是助人助己的道理。

上述故事给我们更多启示，天堂之所以是天堂，就是进天堂的人都有一颗善心，做善人善事，所以有幸福，否则不然。

"积善之家，必有余庆；积不善之家，必有余殃。"这是中国人笃信的观点，并认为用不着像西方那样等到死后，而是在今生就能显现。

撒哈拉沙漠，又被称为"死亡之海"。一支考古队进入了沙漠。荒漠中随处可见逝者的骸骨，队长总让大家停下来，选择高地挖坑，把骸骨掩埋起来，还用树枝或石块为他们树个简易的墓碑。但是，沙漠中骸骨实在太多，掩埋工作占用了大量时间。

队员们抱怨："我们是来考古的，不是来替死人收尸的。"但队长执着地

第五章 从"积善之家必有余庆"看德行仁义之道

说:"每一堆白骨,都曾是我们的同行,怎能忍心让他们陈尸荒野呢?"约一个星期后,考古队在沙漠中发现了许多古人遗迹和足以震惊世界的文物。

但当他们离开时,突然刮起风暴,不见天日。接着,指南针都失灵了,考古队完全迷失方向,食物和淡水开始匮乏,他们这才明白为什么从前那些同行没能走出来。

危难之时,队长突然说:"不要绝望,我们来时在路上留下了路标!"他们沿着来时一路掩埋骸骨树起的墓碑,最终走出了死亡之海。在接受媒体记者的采访时,考古队的队员们都感慨:"善良,是我们为自己留下的路标!"

在沙漠中,善良是为自己留下的路标,让我们找到回家的路。在人生道路上,善良是心灵的指南针,让我们永远不迷失方向。不论你伤害谁,从长远来看,你都会伤害到你自己,或许你现在并没有觉知这样的因果关系,但它一定会绕回来。

凡是你对别人做的,都是对自己做,这是历来的伟大教诲。不管你对别人做了什么,那个真正接收的人并不是别人,而是你自己。

这是一个真实的故事:

一个女子在一家肉类加工厂工作,当她完成所有工作后走进冷库进行例行检查时,一件不幸的事情发生了,门意外地关上了,她被锁在冷库里面,消失在人们的视线中。五个小时后,当她濒临死亡的边缘时,工厂保安奇迹般地打开了冷库的门。后来她问保安:"你怎么会去开冷库的门?这不是你的日常工作呀。"保安解释说:"我在这家工厂工作了三十五年,每天都有几百名工人进进出出,但你是唯一一个早上上班都向我问好、晚上下班也向我道别的人,很多人把我看作是透明的。今天,你跟往常一样来上班,简单地向我问好,但到下班时,我却没听到你跟我说'嗨,明天见'。于是,我决定去工厂里面看看。我期待你的'嗨'和'再见',因为你的问候提醒我,我也是一个受尊重的人。今天下班没听到你的道别,我知道可能发生了一些事,这就是为什么我在每个角落寻找你。"

爱和尊重周围的每个人，因为你永远不知道明天会发生什么。与人良善，终得福报。

你若想被爱，就要先去爱人；你期望被人关心，就要先去关心别人；你要想别人对你好，就要先对别人好。请你善良，无论这世界多冷漠，因为它是你最好的后路。

说到与人为善，不妨来讨论一个我们既熟悉又神秘的问题，那就是"风水"。需要特别说明的是，我们所说的风水不牵涉到封建迷信，而是自然环境对人的影响或是人对自然环境的认识。"德"与"风水"有密不可分的联系，孔子就说过，一个人的德行就能改变风水。

《周易·颐卦·上九》中说："由颐，厉，吉。利涉大川。"《象》曰："由颐厉吉，大有庆也。"就是遵循生活正道，先艰难而终吉利。有利于涉水渡河，善良之人终得善报。

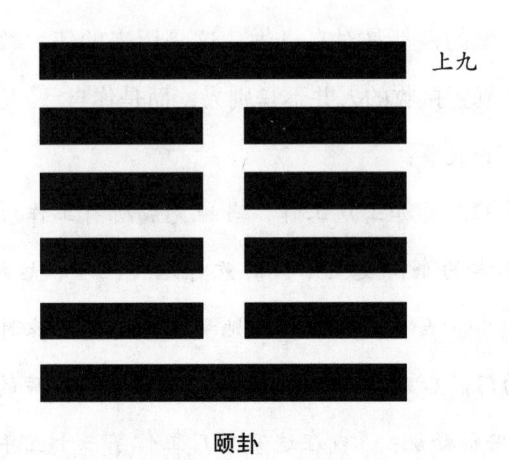

颐卦

在明朝有一个风水先生，经常外出看风水。有一次他在一座大山里寻找风水地，找了好多天，发现了许多非常好的风水地，当然也有差的。有一天，他走得又累又渴，看到山谷里有三间草棚，一户穷苦的人家住在那里以种药为生。

风水先生于是走进去向这户人家讨水喝。女主人见他气喘吁吁的，口渴

第五章 从"积善之家必有余庆"看德行仁义之道

得嘴唇都起皮了,于是给他倒了一碗凉水。当他正要喝的时候,女主人抓了一撮糠壳子撒在水面上。结果,这个风水先生不能马上喝那碗凉水,只能一边吹着糠壳子一边啜着凉水。他心里暗暗在骂:"这个女人怎么这么坏!我渴得不得了,讨碗凉水,她还往里面撒糠壳子折磨我,不让我马上喝!"但是他没办法,只得一边吹着糠壳子一边慢慢地喝,同时在心里暗暗地诅咒她,好半天才把那碗水喝完。

为了报复女主人,这个风水先生说道:"我懂风水,看你家这么贫穷,我给你介绍一块风水宝地吧,你在那里盖房子,子孙会兴旺,会有钱有势还有地位。"女主人一听有这么好的事,当然说"好"。

女主人非常感谢风水先生指点的"风水宝地",就带他下山,一直把他送到山口。

转眼间十年过去了,风水先生整天跑山看风水,十年后又转到这座山里来。他想:十年前这个女人对我那么不好,当时我报复了她,给她介绍的风水地叫作"绝户地",会断子绝孙没有后人,男的要么娶不上老婆,要么娶上老婆也不会生孩子。

结果他到山谷里一看,一个充满生气的乡村院落出现在眼前。

风水先生很好奇,又走进去讨水喝。一进门,他还是碰到十年前的那个女主人,双方一下就认出了彼此。女主人一看贵人来了,磕头作揖把他请到上席,夫妻俩用美酒好菜招待他,然后又给他沏上好茶。

酒足饭饱后,风水先生问道:"你们家是怎么变得富有的,盖了这么大一处宅院?"女主人说:"多亏您给我看了这块风水宝地啊!"风水先生这时良心发现,非常惭愧,就对女主人说:"实际上当时我给你看的并不是一块风水宝地,而是一块绝户地。因为当时我渴得不得了,好不容易找到你家,向你讨碗凉水喝。你却不让我马上喝,还折磨我,往碗里撒了一把糠壳子!"女主人笑着说:"哎呀,先生你不知道,人渴急的时候喝凉水会把心惊炸开的。因为心脏很热,胃也很热,人突然喝凉水会把心和胃惊住、激坏,就像一块烧红的铁突然用凉水一浇会裂开一样。农村人都知道很渴的时候不能直接喝凉水,要喝温水。"风水先生一听:"原来你是这个用意,我不懂,错怪了你。当时为了报复你,我给你介绍了一块绝户地,没想到你不仅没有绝户,而且还儿孙满堂,这么富贵。"

一个人只要有德行,有一颗善良之心,身上就有满满的正能量,正气就能压倒邪气。换句话说,只要正气在身,走到哪里都是风水宝地。所以,最好的风水宝地在我们心里,风水养人,人养风水,福人居福地,一个人的德行就是最大的风水。

大有卦

《周易·大有卦·象》:"火在天上,大有。君子以抑恶扬善,顺天休命。"大意是说,火高悬于天上,无所不照。君子观此象,应抑制邪恶,彰扬善事,顺应天理,保全万物的性命。

"与人为善"出自《孟子·公孙丑上》:"取诸人以为善,是与人为善者也。故君子莫大乎与人为善。"俗话说:"与人为善,于己为善;与人有路,于己有退。"这句话的意思是,与人为善就是要善待他人,善待他人就是善待自己,给别人留条路也相当于给自己留了条退路。

宋真宗时期,寇准和王旦同朝为官,王旦是宰相主管中书省,寇准是副相,主管枢密院。两个人性格完全不一样,一个柔和,另一个刚直,所以时常会发生摩擦。有一天，中书省有文件送到了枢密院，这份文件的格式不符合诏书的格式，寇准便把这件事告诉了宋真宗。随后，王旦就受到了真宗的责备，中书省的其他官员也受到了处分。这件事过去不到一个月，枢密院有文件送到中书省，也犯了同样的错误，中书省的官员很高兴地把文件呈送到王旦面前，认为报复的机会来了。然而，王旦却叫人把文件送还给了枢密院。寇准见到文件后十分惭愧，就去拜见王旦说："您真是有天大的度量啊。"王旦的与人为善，宽容对待同僚间的摩擦，不仅消除了彼此间的隔阂，确保了政坛的稳定，并且以自己的高尚情操，"善"出了政绩卓著的一代名相——寇准。

这个故事告诉我们，做人要与人为善，对待别人要宽容。多一分爱心，多一分理解，多一分善良，他人有过不究，于人有恩莫念，爱人先爱己，责人先问心。

积德有后福

《易经》中"积善之家必有余庆"的理念，是中国传统文化中很重要的组成部分。积德的观念深入人心，影响着人们的言谈举止、行为规范。行善能积德，积了德就能有后福，成了人们的共识。行善的方法多种多样，有的人会刻意为之，如放生；有的人是潜心做之，把行善作为一辈子的自觉行动。

明朝正德二年（1507年），苏州有一个刘姓商人，结婚多年，还没有孩子。他有一个姑父，喜欢占卦算命。

有一天，姑父对刘某说将有大灾难。刘某立刻收拾行李，准备回安徽老家，走到半路上，因为河水暴涨，无法行船，他只好暂时住在客栈里。

傍晚，他到江边散步，看到一个少妇抱着小孩投江自尽，刘某立刻对江中的众渔夫大喊："谁能救这个女人和小孩的，我给他二十两银子！"

少妇和孩子被救了上来，经过询问，原来少妇家里非常贫穷，养了一头猪，本打算卖掉来付房租的，但是买主上门的时候，丈夫出去了，少妇作主将猪卖了，没想到，收的却是假银子，她一时想不开就要轻生。刘某听了，心里非常不忍，便拿出两倍于猪价的银子送给她。少妇回家后，将经过告诉丈夫。丈夫怀疑她说谎，拉着她去找刘某。他们到了客栈，刘某已经关门睡觉了，听到敲门声，刘某起床刚打开门，就听到室内"轰"的一声，回头一看，原来客房的土墙因为连日下雨而倒塌，将他的床铺压得粉碎。刘某大惊，如果不是及时起床，他早就没命了。

刘某不但躲过了这次劫难，以后的生活也很顺利，有十一个儿子，无病无灾活到九十六岁。

古人认为"人的命，天注定"，同时也认为"善能积福，德能改命"，所谓"人心是最大的风水，善良是最好的风水"。

古时，冀州王家集住着一对母子，父亲是个没落秀才，早亡，母亲叫李荷花，儿子叫王时贤。父亲去世后，母子二人侍弄两亩菜园，儿子王时贤也不读书了，每天一大早挑菜进城去卖，挣几个钱，聊以度日。

俗话说不孝有三，无后为大。王时贤到了二十多岁，还是单身汉，母亲李荷花看在眼里急在心里，多方托人去给儿子张罗媳妇，但由于家里贫穷，没有哪家女孩儿愿意嫁给他。

一天清晨，王时贤去镇上卖菜，在中医堂门口捡到五十两银票。他兴冲冲回到家，对母亲说："我们今后不用再卖菜了。"母亲叹了一口气说："亏你还跟父亲读了几年书，你父亲活着的时候经常说君子爱财要取之有道，这种钱不能用来娶媳妇养孙子。这么一大笔钱，一大清早掉在地上，说不定是人家的救命钱，我家吞没了这些钱，和谋财害命有什么区别？你就是用这些钱娶了媳妇，也会遭报应的。"

王时贤恍然大悟，对母亲说："好，我这就去寻找失主，把钱还回去。"说完，就出了门。

第五章 从"积善之家必有余庆"看德行仁义之道

王时贤又来到中医堂门口,果然看到一个老秀才模样的人在那里来回寻找,急得满头大汗。王时贤走上前去,问:"大伯,你丢东西了吗?"

那人说:"我丢了银票,你见到了吗?那可是我的救命钱,我那可怜的女儿呀!"说完便哭了起来。

王时贤安慰他说:"你先别急,你丢了多少钱?"

那人哭着说:"我只有一个独生女儿,得了怪病,医生说只有用百年野山参做药引,才能治好我女儿的病。我变卖家中所有资产,筹了五十两银子,兑换成银票,一张二十两的,三张十两的。我一大早来这里买百年老参,因去了趟厕所,银票就丢失了,我这可怎么办呀?"

王时贤把银票递过去,说:"大伯,你看这是不是你的?"那人拿过银票数了数,丝毫不差,他"咕咚"一声跪倒在地,连呼恩人。

老秀才用这些钱买了百年老参,很快治好了女儿的病。为了感谢王时贤,老秀才把女儿嫁给王时贤,同时,教王时贤读书。两年后,王时贤的妻子生了个大胖小子,又过了两年王时贤竟中了举人,一家人过起了和谐美满的幸福生活。

行善积德,日积月累,福报就会来临,正如《易经》所说,厚德载物。只有你的德足够淳厚,才能承受给你的福报。

一个人如果无德无能,品行不正派,形象不正经,我们常常会说他"不三不四"。这个成语与《易经》有很大的关系,我们不妨深入探讨一下。"不三不四"的"三"和"四"究竟指什么?为什么是"不三不四"?怎么不是"不一不二"或者"不五不六"?为什么偏偏是"三""四"呢?仔细看成语中的数字,带有"三"和"四"的大多是贬义词,比如"丢三落四""说三道四""朝三暮四""颠三倒四"等等。

《易经》中,"三""四"两爻是人象。《周易·系辞下》中说:"易之为书也,广大悉备。有天道焉,有人道焉,有地道焉。兼三才而两之,故六。六者非它也,三才之道也。"所谓"三才",指的就是天、地、人。我们知道,

《易经》的每一卦都由六个爻组成,所以《易传》认为这就是三才之道的体现。可以把每一卦的六个爻分为三组,初爻和二爻在下,象征地道;五爻和上爻在上,象征天道;三爻和四爻在中间,象征天地之间的人道。为什么要"兼三才而两之"呢?为什么"三才"都有两个爻呢?这是因为天、地、人都是分阴阳的,这也是阴阳观念的一种体现。南怀瑾先生曾经这样说过:《易经》卦的六爻象天、地、人三才,"上""五"两爻象天,"初""二"两爻象地,人处于地之上、天之下,故"三""四"两爻象人。因为"三""四"代表的是人,所以用"不三不四"来形容某人不像人样。

从古书上来看,据考证,"不三不四"一词,最早出现在明代施耐庵《水浒全传》第七回鲁智深的一段话:"这伙人不三不四,又不肯近前来,莫不要撷洒家。"

第六章

从『身正不怕影子斜』看正人君子之道

《易经》六十四卦中，几乎每一卦都与"君子"二字有关，换个角度去看《易经》，你会感到它是在教人怎样为人处世。

《周易·系辞下》："子曰：'君子安其身而后动，易其心而后语，定其交而后求。君子修此三者，故全也。危以动，则民不与也；惧以语，则民不应也。无交而求，则民不与也。莫之与，则伤之者至矣。《易》曰：'莫益之，或击之，立心勿恒，凶。'"这段话的意思是：孔子说，君子先安自己的处境，然后才试图行动；先平心静气，然后才去谈论；先确定交情，然后才求助于人。君子做到这三条，就可以得到保全。如果冒险行动，别人就不会帮你；如果内心不安而发表议论，别人就不会响应；如果没有交情就有求于人，人家也不会助你。不仅一无所得，还会受到他人的伤害。所以，《易经》说，没有人帮助，还会受到攻击。这种情况下，立志不坚定，将会有凶险。

人都是有欲望的，这是人的本性。很明显，我们所说的遏制欲望的"欲"，是不正当、过分的欲，甚至是谋财害命的欲。有人把人的贪欲分为三类，即财欲、色欲、权欲。遏止这三种欲望，就可达到人生品行的最高阶段，真正实现"心底无私天地宽"的境界。

君子爱财　取之有道

对于财富，无人不爱，然而如何获得财富，方法不尽相同，有的取之有道，有的不择手段；有的重义轻利，有的见利忘义。如此种种，不一而足，可见其人品有天壤之别。

《周易·小畜卦·九五》中说："有孚挛如，富以其邻。"《象》曰："有孚挛如，不独富也。"大意是说：对财富的索取，要做到诚实守信、取之有道，不独享富贵，与他人共同致富。

第六章 从"身正不怕影子斜"看正人君子之道

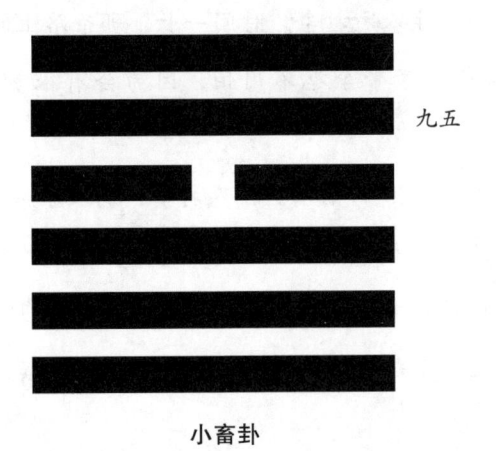

九五

小畜卦

胡雪岩，晚清著名红顶商人，是富可敌国的晚清著名徽商、政治家。有一天，当地一位知名布商在一次生意中栽了跟头，急需一笔资金周转，想低价转让全部家产，连房带地总共卖两千两银子，而事实上市价至少值五千两。听了布商的诉说，胡雪岩沉思片刻后说："容我考虑一下，明天再来找我。"布商离开后，胡雪岩连忙派手下去打探虚实。不多时，手下回来告诉他说确有此事。胡雪岩听后立即安排钱庄准备五千两银子。第二天，布商来到钱庄，胡雪岩对他说："我买下你的家产，但不是两千两，而是按市价计算，我出五千两。"布商惊诧不已，好奇地问为什么低价不买却要出高价。胡雪岩拍着布商的肩膀说："我只是暂时替你保管家产，等你渡过难关了，随时可以赎回去，到时你只需付给我微薄的利息就好。"胡雪岩的举动令布商感动不已，他二话没说就签好协议，对胡雪岩深深作揖后含泪离去。

商人一走，大家问胡雪岩："有的大掌柜赚钱少了被训斥半天，可这笔投资赚钱更少，而且到嘴的肥肉不仅不吃，还主动给对方多付银子，这到底是为什么？"

胡雪岩喝着热茶，讲了一段自己年轻时的经历："我还是一个小伙计时，东家常常让我拿着账单四处催账。有一次，正在赶路的我遇上大雨，同路的一个陌生人被雨淋湿。那天我恰好带了伞，便帮人家打伞。后来，下雨的时候，我就常常帮一些陌生人打打伞。时间一长，那条路上的很多人都认识了我。有时候，我自己忘了带伞也不用怕，因为会有很多我帮过的人为我打伞。"

说着，胡雪岩微微一笑："你肯为别人打伞，别人才愿意为你打伞。那个商人的产业可能是几辈人积攒下来的，我要是以他开出的价格来买，当然很占便宜，但人家可能就一辈子翻不了身。这不是单纯的投资，而是救了一家人，既交了朋友，又对得起良心。谁都有雨天没伞的时候，能帮人遮点儿雨就遮点儿吧。"

众人听了之后，久久无语。

因为胡雪岩的"帮忙打伞"，那个布商没多久东山再起后便赎回了他的家产，还成了胡雪岩的忠实合作伙伴。胡雪岩坚持做一个正人君子，这使他的事业如日中天，生意上富可敌国，官场之道无人可及。

其实，胡雪岩深谙《易经》中"积善之家必有余庆"的道理。《易经》还讲：自天佑之，吉无不利。老子也讲：天道无亲，常与善人。一个人有道德，上天才会照顾、帮助他。

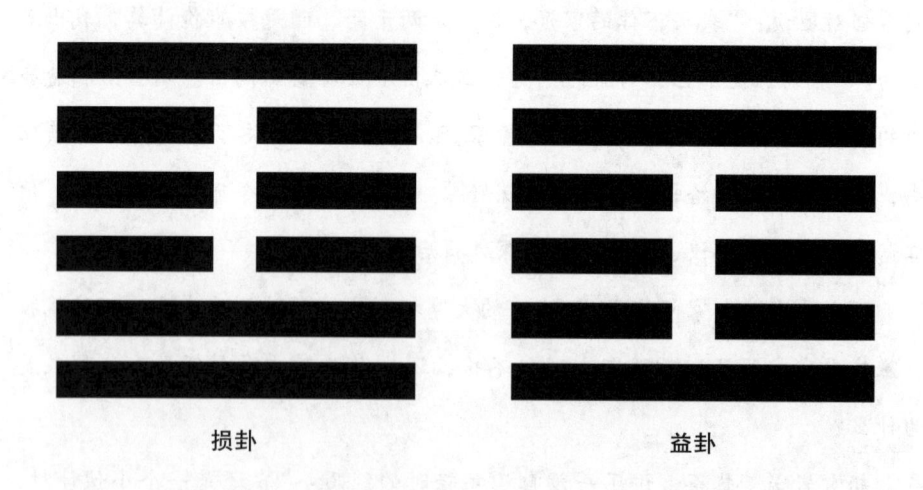

损卦　　　　　　　　　　　益卦

尽管胡雪岩成为红顶商人，又是世人皆知的成功人士，可结局并不好。所以，他临终前告诫子孙"勿近白虎"，不要经商，不要从政。后代也不负期望，没有一人经商从政，大多远居海外，也都是各自领域的人才。《周易》传统文化中将西方代表为五行中的金，为白虎之位。金主刀光剑影，更主肃杀之气。胡雪岩深谙阴阳五行，把权利和财富比作"白虎"，可谓用意深远。

《易经》有损卦和益卦，它们互为综卦，可见它们的关系非常密切。《周易·系辞下》："损，德之修也；益，德之裕也。"损、益两卦都是要修养德行，不去做损人利己的事情，有时必须适当减损或放弃部分利益，最终使得自己获利。上述故事充分说明了这样一个道理，损益之间，不得不慎。

如何获得财富，有人绞尽脑汁而不得其法，有人却无心插柳柳成荫，无意中赚得盆满钵满。

有这样一个故事：

话说某年，老和尚下山进城办事。那时正值股市低迷。老和尚一路走来，听到城里人都在说卖这个股票、卖那个股票。很多人都说赶紧卖、赶紧卖，再不卖就更惨了，在证券交易所门口，甚至有人在哭泣。

老和尚不懂股票，但知道慈悲为怀。既然大家都想卖，不卖就更惨，那就帮大家买一点吧，也许自己买一点，可以为大家减少一点痛苦。于是，老和尚在别人的指点之下开了户，把身上所带的钱大部分都买了股票。对老和尚来说，买什么股票不重要，重要的是减少民众的疾苦，虽能力绵薄，但求尽慈悲之心。

买的股票，老和尚并没放在心上。佛家讲究的是"空"，事情做过了，就应该放下。

数年后某日，老和尚依旧是下山进城办事。此时正值股市疯涨。街头巷尾，人们都在讨论买什么股票好。"赶快买，赶快买，再不买就悔青肠子了。"诸如此类的话，老和尚听在耳里。悔青了肠子是怎样一种痛苦啊，老和尚想。他想起数年前自己曾买过一些股票，既然大家都在抢着买，那就把那些股票卖给他们吧，兴许会减缓大家一点痛楚。于是，老和尚就把户头上的股票全部卖了。

岁月如梭，老和尚日复一日地在山上修炼。间或也会下山进城办事。听到人们说"赶紧卖"，他就买；听到人们说"赶紧买"，他就卖，如是者数回，他始终守着自己"慈悲为怀"的信念。

多年之后，老和尚进城，偶然看了一眼自己的账户，噫！怎么自己账上有那么多钱？罪过，罪过！

老子曾说："天之道，损有余而补不足。人之道，则不然，损不足以奉有余。孰能有余以奉天下？唯有道者。"其大意是：自然的法则，是损减有余来补充不足。人类社会世俗的做法却不然，是损减贫穷不足来供奉富贵有余。谁能让有余来供奉天下呢？只有有道之人。

无论是《易经》的"积善有余庆"，还是老和尚的慈悲之举，道理都是相通的。只要你的目的纯洁，一心想着积德行善，尽力去帮助别人，就能"天佑之"，就会"有余庆"。

清心寡欲　坐怀不乱

《易经》中讲"一阴一阳之谓道"，是讲阴阳是宇宙万物组成、生长、变化之根本，而宇宙间最直观的阴阳就是男人和女人。有男女阴阳的组成，人

损卦

类才得以繁衍生息、传宗接代。从人类发展、进步的历史看，男女阴阳之事又上升到一个道德问题。

《周易·损卦·象》曰："君子以惩忿窒欲。"谆谆告诫人们要控制情绪，遏止欲望，坚守正道，做正人君子。

我们一起来重温一下"柳下惠坐怀不乱"的故事。

柳下惠是春秋时期鲁国官人。在一个深秋的夜晚，柳下惠路过一片柳林时，忽遇倾盆大雨，他急忙躲到一个破庙里避雨。恰在这时，一年轻女子也到此避雨，与他相对而坐。半夜时分，年轻女子被冻醒，便起身央求坐到柳下惠怀中，以温身驱寒。柳下惠急忙推辞："万万使不得，荒郊野外，孤男寡女处在一起本已不妥，你若再坐我怀，更是有伤风化。"女子道："世人都知大夫圣贤，品德高尚，小女子虽坐在怀中，大人只要不生邪念，又有何妨？我若因寒冷病倒，家中老母便无人服侍，你救我就是救了我母女二人。"柳下惠再无推托之辞，只好让女子坐到自己怀中。如注暴雨，一夜未停。柳下惠怀抱女子，闭目塞听，纹丝不动，漫漫长夜竟不知温香在怀。天明，雨过天晴，得恩于柳下惠的女子不胜感激地说："人言大夫是正人君子，果然名不虚传。"于是，柳下惠被誉为"坐怀不乱"的正人君子。此外，他为人刚正不阿，得罪权贵，多次遭到贬谪，但不离开父母之邦，所谓"虽遭三黜，不去故国；虽荣三公，不易其介"。柳下惠得到了孔子、孟子等人的高度评价。

对于这种送上门的"好事"，没有一定的定力很难做到，只有真君子才能抵得住诱惑。

王阳明之所以能成为一代伟大的思想家、教育家，能为中华民族种上"良知"之树，成为一代圣人，与其父亲王华的言传身教密不可分。如果说阳明先圣无愧为一个"良知"圣人，王华则无愧为"良知"之父。

1465年，二十岁的王华受浙江布政使宁良的邀请，到湖南省祁阳县给宁良的儿子当老师，住在一个叫梅庄的地方。当地一个大富豪非常仰慕王华的品貌和才学，就把他请到自己家里做客。

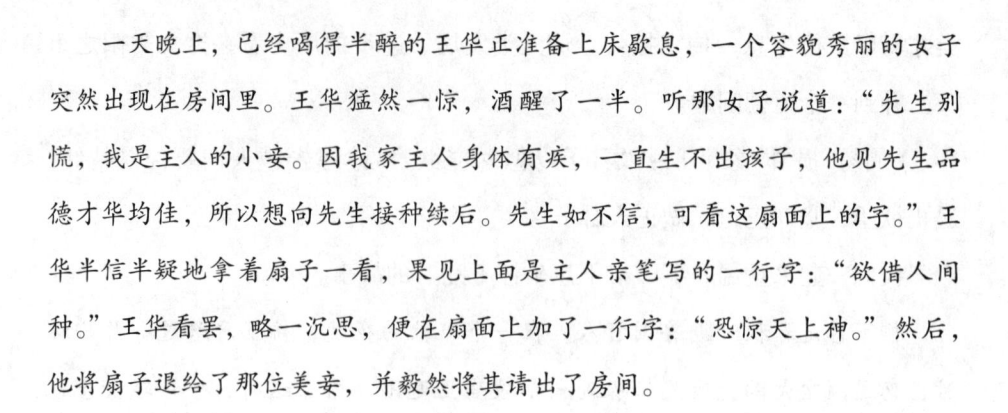

一天晚上,已经喝得半醉的王华正准备上床歇息,一个容貌秀丽的女子突然出现在房间里。王华猛然一惊,酒醒了一半。听那女子说道:"先生别慌,我是主人的小妾。因我家主人身体有疾,一直生不出孩子,他见先生品德才华均佳,所以想向先生接种续后。先生如不信,可看这扇面上的字。"王华半信半疑地拿着扇子一看,果见上面是主人亲笔写的一行字:"欲借人间种。"王华看罢,略一沉思,便在扇面上加了一行字:"恐惊天上神。"然后,他将扇子退给了那位美妾,并毅然将其请出了房间。

拥权自重　方能善终

《周易·系辞下》曰:"天地之大德曰生,圣人之大宝曰位。"这是讲天、地、人三者的功能和作用,天与地最大的德行就是使万物生生不息,君子圣人最宝贵的是与德行相配的位置或地位。

《周易·节卦·象》曰:"泽上有水,节,君子以制数度,议德行。"君子应当效法《周易·节卦》的义理,制定典章制度和必要的礼仪法度来作为行事的准则,以此来节制人们的行为。

节卦

在我国漫长的封建社会中，权力欲望只能心里有，不能说出口，更不能登上大雅之堂，只能是心照不宣或心领神会。

从心理学的角度来看，权力欲望是一种普遍的社会心理现象。从心理感受来说，命令别人比被别人命令更愉快，行使权力比接受权力支配更愉快，对这种愉快的追求外化表现为一种权力欲望。当然，拥有了权力，还会拥有更多东西，这是心照不宣的。

对权力的态度，体现出人性的善恶。

《资治通鉴》言："安史之乱，数年间天下户口什亡八九……中国多故，戎狄每岁犯边，所在宿重兵，其费不资，皆倚办于晏，晏有精力，多机智，变通有无，曲尽其妙。"

刘晏，唐代宰相，长期担任财务部长。其终身为挽国家之倾危，解人民于倒悬，身体力行，呕心沥血，几十年如一日，孜孜不倦。

他上朝时骑在马上，心里还在筹算账目，退朝后在官署批阅文卷，常常是秉灯夜烛。他饮食简素，室无婢，死时只留下两车书籍和几斗米麦。在官吏贪暴的封建社会，一个理财大臣两袖清风，这是非常值得称道的。

因为刘晏的理财方针、措施、办法适应唐王朝经济残破的局面和当时社会的需要，所以唐王朝的经济得到了恢复和发展，人民也得以养息。他初受命为转运使时，全国才两百万户，国家财政收入只有四百万缗。到了779年，户口增加到三百万户，财政收入达一千三百万缗（其中盐利过半），而国家并没有增加农民的税收，刘晏真正做到了"敛不及民而用度足"。他的贡献是很大的，无怪乎人们经常把刘晏与管仲、萧何相提并论。

《周易·乾卦·象》中说："天行健，君子以自强不息。"

乾卦告诫我们，推天道以旺人事，接受自然法则的启示，把天道的刚建有力转换为自己的内在品德与精神特质，自强不息，奋发有为，积极进取，刚正不阿。

唐朝有一位宰相叫韦贯之，首都长安人，他任长安县令时，首都长安市的市长叫李实。这李实权力超过宰相，威势显赫。有人把韦贯之推荐给李实，

乾卦

李实很愿意荐韦贯之这位同乡，但要他来拜访一次。推荐者向韦贯之道喜，要他前往，但韦贯之几年都没有去拜访李实。他认为靠走后门、靠关系往上爬，百姓怎么看，同僚怎么看，后人怎么看？虽能升迁做官，却有无穷之忧。他很长时间也未得到升迁，以致俸禄不够赡养父母和子女，自己和妻子只能吃豆渣度日。后来他做了宰相，还时常吃豆渣来警醒自己要一心谋公，不能谋私。后人送给他这样一副对联：

缘何为官一生，依旧家道不富？

只因工于谋国，至老拙于谋身。

由于人们对权力的欲望，为了获得权力，不择手段、血腥争斗的场面在历朝历代上演。

玄武门之变是唐朝最凶险的政变之一，此次政变决定了唐朝之后的走向，也决定了整个中国历史的走向。一将功成万骨枯，政变的结果十分残酷，胜利者拥有一切，失败者不仅丢掉所有，还付出生命的代价。玄武门之变十分凶险，李世民有武将集团拥护，李建成和李元吉也有文官集团拥护，双方算得上棋逢对手。

李渊称帝，建立唐朝，李世民的功劳最大，整个唐朝疆土有一大半是李世民打下来的，就算是建国之后，李世民也一直把持着唐朝军权。一有祸乱，李渊第一个想起来的就是李世民；祸乱一平，最受猜疑的也是李世民。李建成作为太子有着天然的优势，而且李渊也更偏向大儿子，李世民继位的机会看似很大，其实不多。

李建成和李元吉也不是庸人，他们深知李世民的危害和潜力，采用了各种方法对付李世民。李世民作为秦王，有力无处使，在外虽有兵权，在长安却无大势力，只有一帮心腹。李元吉是一个很有能力也心狠手辣的人，他早早就劝李建成赶紧想办法杀掉李世民，但李建成犹豫了很久也没有动手。

李世民后来想占据洛阳作为自己的龙兴之地，李世民派遣张亮去办这件事，但被李元吉识破意图，太子李建成也下定决心对李世民下死手。李建成邀请李世民喝酒，在酒中下毒，结果没毒死李世民，只让他吐了几口血。这个时期的李世民并没想着要和李建成硬碰硬，李世民还是想远离长安驻守洛阳以积蓄力量，但李世民外放洛阳的计划又被李元吉破坏，李元吉和李建成联合后宫妃嫔，诬陷李世民要霸占洛阳造反，李渊听后有所顾忌，便留下李世民。

李建成见不能立马弄死李世民，便选择剪除李世民羽翼。他先是用重金收买尉迟恭，结果尉迟恭对李世民忠心耿耿，宁死不接受。之后，李建成又支走程知节，拉拢段玄志。李世民身边的谋臣武将都感到了危机，都劝说李世民赶紧动手，但李世民这时候也不知该怎么办，也下不了决心。

随后，房玄龄和杜如晦也被李元吉陷害，他们遭到贬斥离开秦王府，李世民身边只剩下长孙无忌和尉迟恭、侯君集以及高士廉等人了，情况已经非常危急，这时候尉迟恭和长孙无忌决定向李世民摊牌，一定要行动，再不动手就全完了。李世民听后终于决定下手，尉迟恭连夜找回房玄龄和杜如晦，共商大计。

武德九年六月初三（626年7月1日），李世民进宫向李渊哭诉，并且揭发李元吉和李建成淫乱后宫，李渊听后决议让李元吉和太子李建成明日来接受讯问。武德九年六月初四，李世民率部埋伏在玄武门两旁，将进宫的李建成、李元吉杀死。

李建成和李元吉死后，李世民让尉迟恭进宫，命侯君集等人守住宫门。当时，李渊还在玩乐呢，一转头，见尉迟恭手提三尺血剑，一脸煞气地站在身后，说是奉秦王令，保卫皇帝。李渊也很有眼力，见到李世民进来后，便已经知道发生什么事，父子二人抱头哭了一会，李世民顺利得到了太子的位置。

侯君集等人击退李建成的部下后，接到李世民命令，立马赶往齐王府和太子府，赶尽杀绝。李元吉和李建成的儿子都被诛杀，而他们府中的女眷也全被李世民收入宫中，其中李元吉的老婆杨氏深受李世民喜爱，二人还有一个子嗣。

胜利者拥有失败者的一切，这就是残酷的政变，如同狮群的首领被打败后新狮王会咬死上任首领所有子嗣，在权力的斗争中，没有半点同情。

虽然李世民被后人誉为一代天骄，也确实成为中国历史上少数几个称得上"千古一帝"的皇帝之一，但他夺权之时寒刀利剑、杀兄弑侄的场景，令人胆战心惊，不寒而栗。

由此看出，无论是财欲、色欲还是权欲，人一旦迷上，就会变得很极端。

第七章

从『梅花香自苦寒来』看人生磨砺之道

俗话说："刀不磨不锋利，人不磨不成器。"人一出生，就准备一辈子面临很多人生难题，承受许多痛苦，这个世界本就是一个磨炼场。人一生下来，来到这个世界上，就如同一块铁矿石，只有放在人生的磨炼炉中不断锤炼，最后才能成钢，人才会变得成熟。

《易经》开宗明义："君子以自强不息。"它告诫人们，人的一生一定是崎岖不平、充满坎坷的，只有攻坚克难、披荆斩棘，才能到达胜利的彼岸。

《易经》全书都充满人生磨砺之义，其中有四个卦便直截了当地阐述人生的艰难险阻，并教授应对的方法。这四卦分别是屯卦、坎卦、蹇卦、困卦。

万事开头难

首先，我们来看看屯卦。

屯卦

屯卦的卦画结构是下面一个震卦，上面一个坎卦。震为雷，坎为水，故称作水雷屯。"屯"的本义是草木萌芽于此，既充满无限生机，又有生长的艰难。很显然，屯卦是借草木来喻人。《周易·屯卦·象》曰："君子以经纶。"这一语直达屯卦之核心，就是说人的一生不会一直顺利，要预计到凶险，及早做出预案，规划好人生。

《象》曰："屯，刚柔始交而难生。"所谓的"难生"，就是初生的艰难，就是我们常说的万事开头难。国学大师曾仕强先生说："万事开头难是什么原因？它要告诉你，一个人出生后，不可能一辈子什么问题都没有。一岁有一岁的问题，两岁有两岁的问题，三岁有三岁的问题，随时可能出现问题。"那我们就知道了，既要看到屯卦的万事开头难，也要看它相综的那一卦蒙卦。《周易·序卦》中说："物必蒙，故受之以蒙。蒙者，蒙也，物之稚也。"万物刚生长出来时必然是幼稚蒙昧的，所以，在表示始生的屯卦之后便是蒙卦。"蒙"是蒙昧、幼稚的意思，也有启蒙、教育的含义。屯卦万事开头难的困境，要靠蒙卦的启蒙教育来化解，达到"蒙以养正"的目的。

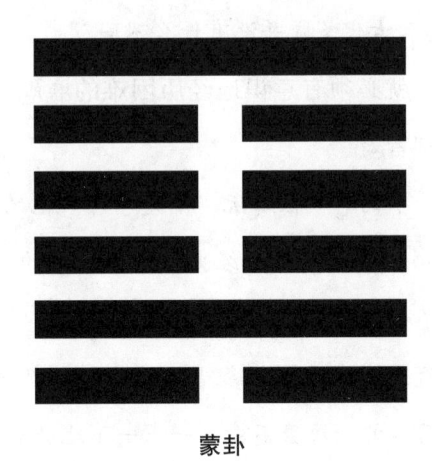

蒙卦

世界上，每个人都会经历大大小小的逆境、挫折和困难，但是拥有不同的人生态度，就会产生不同的结果。有的人勇于面对困境，坚持自信，越挫越勇，等到苦难过后，他们在奋斗和挑战中经过无数次历练，一点点成长并最终成功。

孔子顺（孔子第六代孙）担任魏相，在位期间，大力推行变革，罢免那些靠宠幸当官的人，而任用贤能的人才；削除那些无功受禄的人的薪水，而赏赐那些有功劳的人。那些丧失官爵俸禄的人很不高兴，就到处造谣诽谤。

文咨把他们造谣的事告诉孔子顺，并对他说："因循守旧而又取得成功，比起实施变革而引起诽谤，这二者哪种更好些？"孔子顺回答说："事情开始时，不能强求大家想法一致，这种事早就有过。古代那些善于理政的人，一开始也不能没有谤言。子产任郑相，三年后才没有谤言。我的先祖孔子为鲁相，三个月后才没有谤言。如今我治理政务，虽然比不上古代的圣贤，但怎么会没有谤言停息的那一天呢？"文咨说："诽谤子产的事，我曾经听说过。孔子被谤是怎么回事，我还不知道。"孔子顺说："孔子刚为相，鲁国人编了一首歌谣唱道：'拿了鹿皮做护膝，把它扔掉不可惜，护膝却用鹿皮做，把它扔掉无罪过。'过了三个月，孔子把政事治理得很好，老百姓又唱道：'绣龙衣服高高帽，只为百姓生活好。高高帽子绣龙衣，一心为民不为私。'"文咨高兴地说："我这才知道您和古代圣贤并没有什么不同。"

要想成长、成功，就必须有意识地经历困难的磨砺，虽然过程痛苦，但能坚持下去，就是胜利者。

唐代大诗人李白，小的时候很贪玩，不爱学习。他的父亲为了让他成才，就把他送到学堂去读书，可是，那些经史、诸子百家的书很不好学，李白学起来很困难，就更加不愿意学了，有的时候还偷偷跑出学堂去玩。

有一天，李白没有上学，跑到一条小河边去玩。忽然，他看见一位白发苍苍的老婆婆蹲在小河边的一块磨石旁，一下一下地磨着一根铁棍。

李白好奇地来到老婆婆身边，问道："老婆婆，您在干什么？""我在磨针。"老婆婆没有抬头，她一边磨一边回答。

"磨针！用这么粗的铁棍磨成细细的绣花针。这什么时候能磨成啊？"李白脱口而出。

而老婆婆这时抬起头，停下手，亲切地对李白说："孩子，铁棒虽粗，可挡不住我天天磨，滴水能穿石，难道铁棒就不能磨成针吗？"

李白听了老婆婆的话，很受触动。心想："是呀，做事只要有恒心，不怕困难，天天坚持做，什么事都能做好。读书不也是一样吗？"李白转身跑回学堂。

从此以后,李白刻苦读书,历代诗词歌赋、诸子百家,他见到就读,终于成为一名著名的诗人。

这个故事形成了一句家喻户晓的谚语——只要功夫深,铁杵磨成针。这句谚语使人们明白,只要长期努力不懈,再难的事也能成功。

化险成大道

接下来,我们来看看坎卦。

坎卦

坎卦是一个复卦,坎为水,两水相叠,坎又为险,两险相重,可见其卦象为重重险阻。坎卦在一开始就明示:"坎,重险也。"这无异于在提醒人们,前进道路上横亘着重重险阻,要面对现实,发挥主观能动性,战胜困难,化险为夷。

我们会说"坎坷",还会说"没有过不去的坎",人们用"坎"来代表艰难。而《易经》直接用"坎"这个字来作为一个卦的名称,足见先圣对"坎"的重视。

既然坎为水，"重险也"，那就表明情况很严重，内忧外患，进退两难，祸事一个接一个，这种情况很容易把人打垮。要破解危局，只有靠德行、才干和人格魅力去扭转局面，转危为安。

《西游记》主要描写的是孙悟空保护唐僧去西天取经，历经九九八十一难的故事，是明代吴承恩创作的一部引人向善的神话小说。

这个故事中的唐僧、孙悟空、猪八戒与沙僧都是经过一定夸张描写的人物。其中，唐僧即唐玄奘，唐朝高僧；唐僧的三个弟子代表唐玄奘前往天竺取经时帮助过他的好心人；而妖怪则代表唐玄奘所经历的苦难。

《西游记》是要教育人们，在追求理想、真理的道路上有无数荆棘和苦难，但只要你心怀虔诚，一丝不苟，终有一天会取得"真经"，普度世人。

《西游记》全书共一百回，通过唐僧取经的故事，刻画了孙悟空的形象，表现了他蔑视权威、不畏强暴、除恶务尽的战斗精神，可以说，整部书是孙悟空的战斗史，小说最精彩的部分是"大闹天宫"。

《西游记》的故事是战妖斗魔、不畏凶险的典范，正如歌里所唱："踏平坎坷成大道，斗罢艰险又出发。"我们在读这部小说时，一方面感叹作者文学造诣中的思维智慧，另一方面对作者在书中埋下的"彩蛋"（"彩蛋"源自西方复活节找彩蛋的游戏，寓意为"惊喜"。近年来，电影制片方通常在电影结束后加入一些有趣的情节或拍摄的趣事片段，被影迷们称为"彩蛋"）惊奇不已。下面，我们借用"电影彩蛋"的概念，来看看《西游记》中非常有意思的四个"彩蛋"，它们几乎都与《易经》有关系。

第一个彩蛋：西游世界有《易经》。第三十七回中说孙悟空见太子。三藏道："殿下，贫僧不知。但只这红匣内有一件宝贝，叫作立帝货，他上知五百年，中知五百年，下知五百年，共知一千五百年过去未来之事，便知无父母养育之恩，令贫僧在此久等多时矣。"太子问悟空："立帝货，这老和尚说你能知未来过去吉凶，你却有龟作卜？有蓍作筮？凭书句断人祸福？"行者道："我一毫不用，只是全凭三寸舌，万事尽皆知。"太子道："这厮又是胡说。自古以来,《周易》之书,极其玄妙,断尽天下吉凶,使人知所趋避,故龟所以卜,蓍所以筮。听汝之言,凭据何理,妄言祸福,扇惑人心!"

你看看,太子满嘴"周易",如数家珍,即便不是《易经》专家,也应是《易经》爱好者。由此,可以看出作者吴承恩亦是《易经》大师,不懂《易经》,怎能写出这么精彩的对话?

第二个彩蛋:悟空善飞却用脚。老承恩在写《西游记》时,写着写着就觉得哪里不对劲,原来他发现了一个大漏洞:既然孙悟空一个筋斗可达十万八千里,他背着唐僧打一个筋斗就完事了,何须费那么大的劲?那就得先编一段来解释这个事,接下来的故事才能说下去。于是,在第二十二回中,作者借猪八戒与孙悟空的对话,既消除了读者的疑惑,又使得悟空除妖斗魔的行为显得更合情合理。

八戒道:"哥哥又来扯谎了。五七千里路,你怎么这等去来得快?"

行者道:"你那里晓得,老孙的筋斗云,一纵有十万八千里。像这五七千路,只消把头点上两点,把腰躬上一躬,就是个往回,有何难哉!"

八戒道:"哥啊,既是这般容易,你把师父背着,只消点点头,躬躬腰,跳过去罢了,何必苦苦的与他厮战?"

行者道:"你不会驾云?你把师父驮过去不是?"

八戒道:"师父的骨肉凡胎,重似泰山,我这驾云的,怎称得起?须是你的筋斗方可。"

行者道:"我的筋斗,好道也是驾云,只是去的有远近些儿。你是驮不动,我却如何驮得动?自古道,遣泰山轻如芥子,携凡夫难脱红尘。像这泼魔毒怪,使摄法,弄风头,却是扯扯拉拉,就地而行,不能带得空中而去。像那样法儿,老孙也会使会弄。还有那隐身法、缩地法,老孙件件皆知。但只是师父要穷历异邦,不能够超脱苦海,所以寸步难行也。我和你只做得个拥护,保得他身在命在,替不得这些苦恼,也取不得经来,就是有能先去见了佛,那佛也不肯把经善与你我。正叫作若将容易得,便作等闲看。"

诸位读了这一段，是不是佩服吴承恩不仅交代得很清楚，弥补了漏洞，消除了读者的疑虑，也埋下了取经途中坚持自强不息，历经千辛万苦的伏笔，还体现了《易经》的时空观——是什么人做什么事，到什么时候才能做什么事。

第三个彩蛋：八十一难有乾坤。《西游记》中描述唐僧师徒经历九九八十一难，方取得真经，修成正果。为什么要经九九八十一难？"九"，在中国传统文化中有其特殊的含义："九"是帝王将相的称谓，阴阳五行学中"九"又是最大的阳数，《易经》中"九"代表阳爻。所以，天分九层，第九层就是最高处。凡用数字来表示最大或最多，都用"九"。《黄帝内经·素问》中说："天地之至数，始于一，终于九。"因此，汉语中有"九九归一"或"九九归原"之说。因"九"为数之极，而隐喻人生之限，所以，九九八十一难强调灾祸、凶险到了极限；同时，又把坎卦"重险也"的意境描写到了极致。

第四个彩蛋：道家护僧取佛经。《西游记》构筑了一个以玉皇大帝为中心的道教系统。孙悟空一旦遇到自己搞不定的事，就去找以玉皇大帝为首的道家大人物来解决。最不可思议的是，西天取经的任务是如来和玉帝共同策划的。书中把乾与坤、天与地拟人化，使读者感受到天的博大生机、地的宽厚仁爱，真是佩服吴承恩大师的易经思维。

路遥知马力

再来看看蹇卦。

蹇，本义是指跛、行走困难。蹇卦阐释了跋涉艰难的道理。

蹇卦上为坎，坎为水；下为艮，艮为山、为止，故称水山蹇。蹇卦喻义山高水险，行进艰难，要把握进退时机，冷静分析局势，最终就能坚守正道，排除艰难险阻。

第七章 从"梅花香自苦寒来"看人生磨砺之道

坎

艮

蹇卦

司马迁（前145年或前135年—?），字子长，我国西汉伟大的史学家、文学家、思想家。他编撰的《史记》记载了从上古传说中的黄帝时期，到汉武帝元狩元年（前122年），有三千多年的历史。

司马迁以其"究天人之际，通古今之变，成一家之言"的史识完成的《史记》，成为中国历史上第一部纪传体通史，被鲁迅誉为"史家之绝唱，无韵之离骚"，对后世的影响极为巨大。

早年，司马迁在故乡过着贫苦的生活，十岁开始读古书，学习十分认真刻苦，遇到疑难问题，总是反复思考，直到弄明白为止。二十岁那年，司马迁从长安出发，到各地游历。后来回到长安，做了郎中。他几次同汉武帝出外巡游，到过很多地方。在司马迁三十五岁那年，汉武帝派他出使云南、四川、贵州等地，他了解到那里一些少数民族的风土人情。父亲司马谈死后，元封三年（前108年），司马迁接替做了太史令。

太初元年（前104年），司马迁与天文学家唐都等人共订"太初历"。同年，司马迁着手编《史记》。天汉二年（前99年），李陵出击匈奴，兵败投降，汉武帝大怒。司马迁为李陵辩护，触怒了汉武帝，获罪被捕，被判死刑。"人固有一死，或重于泰山，或轻于鸿毛，用之所趋异也。"他为了完成父亲遗愿，完成《史记》，留予后人，含垢忍辱忍受"腐刑"。太始元年（前96

年），司马迁获赦出狱，做了中书令，掌握皇帝的文书机要。于是他发愤著书，全力写作《史记》，大约在他五十五岁那年完成了全书的撰写和修改工作。司马迁以其"究天人之际，通古今之变，成一家之言"的史识，成就了《史记》——中国历史上第一部纪传体通史。

因此，司马迁被后世尊称为"史迁""史圣"，与司马光并称"史界两司马"，与司马相如合称"文章西汉两司马"。

关于司马迁和他撰写的《史记》，熟知的人不多，但对伟人毛泽东引用《史记》中的一段话，我们都很熟悉。在因公牺牲的普通战士张思德追悼会上，毛泽东即兴讲话："中国古时候有个文学家叫做司马迁的说过'人固有一死，或重于泰山，或轻于鸿毛'。"毛主席指出："张思德同志是为人民利益而死的，他的死是比泰山还要重的。"

司马迁作为史学家，注定要与《易经》结缘，他对《易经》进行了大量研究，有许多研究成果。他在《史记》中多次提到《易经》，其中也记载了运用《易经》原理进行占卜的故事，对《易经》"数"的分析，对《易经》的起源、发展的研究，特别是对"文王拘而演周易"的记载，为《易经》的研究和传承做出了重要贡献。司马迁说："文王拘而演《周易》；仲尼厄而作《春秋》；屈原放逐，乃赋《离骚》；左丘失明，厥有《国语》；孙子膑脚，《兵法》修列；不韦迁蜀，世传《吕览》；韩非囚秦，《说难》《孤愤》；《诗》三百篇，大抵贤圣发愤所为之作也。"司马迁这段话已经超出简单记录史事的范畴，充满正能量，留给后人一个重要启示：遭遇磨难不能退缩，要奋发向上，才是身处逆境的最高境界。

第七章 从"梅花香自苦寒来"看人生磨砺之道

风雨见彩虹

还有一卦,就是困卦。

兑

坎

困卦

困卦的卦画结构是上兑下坎,兑为泽,坎为水,故又称泽水困。困卦要强调的是,陷于穷困时要坚守中正刚毅的原则,洁身自守,奋发努力,最终实现自己的理想。

其实,困卦与坎卦,单从字面就能看出卦的基本含义,提醒人们要十分小心,不可掉以轻心。在六十四卦中,这种直来直去、望字生义的卦把对人的警示用到了极致。正确应对凶险,才能经受住磨难。《周易·困卦·象》中说:"君子以致命遂志。"身处困境而不气馁,在穷困中求得亨通,为实现自己的志向而不惜牺牲生命。

王阳明出生于一个官宦之家,自幼天资聪颖,家人对他寄予很大期望。但他的人生之路充满坎坷,他两次参加会试都落第了,难得的是,王阳明以坦然的心境对待这人生中的第一个挫折。当有人为两次落榜而感到羞耻时,他淡淡地说:"世人以落第为耻,我却以落第动心为耻。"这是因为他的心中有着更大的理想——成为圣贤。世上还有更多、更重要的事要去做，眼前的这点挫折算得了什么呢？

1505年，已入京为官的王阳明遭遇了他人生中前所未有的一次磨难。当时，身为兵部主事的王阳明因上疏言事得罪了权臣刘瑾，结果被逮捕入狱，严刑拷讯。无论古今中外，监狱都是人类最黑暗的地方之一，明朝时的诏狱尤甚。纵然在暗无天日的狱中，王阳明立志成圣的信念依旧未消沉，他静下心来研究学问，还与一同被捕入狱的难友相与讲诵为乐："累累囹圄间，讲诵未能辍。桎梏敢忘罪？至道良足悦。"即使在这种情况下，他都可以静下心来做学问，那么以后还有什么困难可以难住他呢？在黑暗的诏狱中关了一个月后，王阳明被判廷杖四十，革去兵部主事的职务，贬到边远地区任杂职——去到环境十分恶劣的贵州龙场当驿丞（掌管驿站的官，主邮传迎送之事）。

王阳明到了龙场后，居然发现这里连住的房子都没有，一切都要靠自己动手。没办法，顾不上旅途劳累，王阳明强打精神，与随从一起把一座茅草房盖起来。尽管盖的茅草房十分简陋、矮小，王阳明对此还是很乐观，赋诗云："草庵不及肩，旅倦体方适。"

其实，所谓困难，也受心理暗示的影响，当一个人心中有更高的理想和信念时，困难自然就会变得十分渺小。当然，在龙场遇到的困难，还远远不是言语不通和住茅草房这样的事。由于水土不服，加上当地瘴疠之气弥漫，除王阳明外，他的随从都患病卧倒了，连个做饭的人都没有。王阳明只得亲自砍柴取水煮粥做饭，又怕随从心情抑郁，便给他们咏唱诗歌，但是他们还是不高兴。王阳明又为他们吟着家乡的小曲，杂以诙谐好笑的内容，他们才愉悦起来，忘记了疾病和身处荒僻之地所带来的困难。

在这种常人难以想象的艰难处境中，王明阳却想到了一个问题："要是圣人处在这种环境下，他们会有怎样的想法和做法呢？"他以圣人为标准，激励自己不断前进。

在王阳明看来，艰难的处境并不是使人堕落的心理负担，而是磨砺人、使心灵得到成长的资本。因此，不管处于如何艰难的环境，他都保持着一份难得的豁达心态，始终以圣贤的标准来要求自己，心中不着一物，潇潇洒洒。正是由于在极其困难的处境下也不忘向上探索的努力，他最后彻悟心学格物致知的道理，达到了超凡入圣的境界。

其实，在王阳明的一生中，看似命运对他进行嘲弄的那些困难又何尝不是他成功的机遇呢？正所谓"自古英雄多磨难"，一个人只有经过重重磨难的考验，才会得到成长。只要你能始终保持一份良好的心态，从积极的角度去看待一切困难，持之以恒地去努力，所遇到的磨难就会成为你享用终生的财富。

中国历史上唯一没有争议的立德、立功、立言"三不朽"的圣人王阳明是位《易经》大师。他在龙场的洞穴里，写下了《玩易窝记》。玩索既久，易道了然于心，最后彻悟"吾知所以终吾身矣"。

有一次，王阳明在情绪低落的时候与老道士玩卦，占得卦象是"明夷"卦。明夷卦是《易经》六十四卦中的第三十六卦："明夷。利艰贞。"什么意思呢？这就是讲，人处于艰难之中，既要守正不阿，又要韬光养晦。《象》曰："明入地中，明夷。君子以莅众，用晦而明。"意思是：君子观此卦象，治民理政，不以苛察为明，而是外愚内慧，容物亲众。王阳明看到此卦，顿时大彻大悟，回去后写了一首诗：

险夷原不滞胸中，何异浮云过太空！

夜静海涛三万里，明月飞锡下天风。

这首诗的意思是：身边的艰难险阻就如天上飘浮的一朵朵白云，不应停滞在心中。虽然夜深人静，他心中却如大海波涛汹涌，驾天风，掷法器，就能劈波斩浪，实现心中目标。诗中藏有"明""夷"二字，暗合卦象。

可见王阳明易学造诣是相当深厚，也正因如此方能最终成为圣人。

上述四个卦，就是所谓的"难卦"，卦爻象都比较艰难，比较不顺。由于对四个卦这样的描述，人们普遍认为这是四个不好的卦，是人们不想要的卦。其实不然，在《易经》六十四卦中不存在绝对的好卦或坏卦，我们不妨取几个公认的所谓"好卦"来分析一下。乾卦，够好的吧，可在第三爻九三就提出"夕惕若厉"，在上九又毫不留情地警告："亢龙有悔。"泰卦，也不错吧，但好到了极点，就会出现"泰极而否"的情况。这四个难卦不是要告诉你卦的好坏，而是要提醒你遇到困难和艰险要勇敢面对，不屈不挠，历经风雨，否极泰来，终见彩虹。从这个角度去理解，这四个卦何尝又不是好卦呢？

我们看到鸭子在水面悠闲地游动，却看不到鸭蹼在水下拼命地划动。有位作家曾经说过："你必须非常努力，才能看起来毫不费力。"生活就像是水中的鸭子，每一个光鲜亮丽的背后，都隐藏着你无法想象的坚持和拼搏。这便是"鸭子定律"。作家莫言最深刻的记忆，就是饿。在那个饥荒年代里，没有粮食就吃野菜，饱一顿饿一顿是常事。他为了看书，就给人推磨，有时推十圈磨，他才被允许看一页书。他十几岁就到工地干活，拉锁链时双手常常被勒出一道道血痕。而年少时所受的苦难，最终都化成他笔下的不朽之作。齐白石没有机会上学，从放牛砍柴到学做木匠，再到痴迷艺术，凭着对艺术的不懈追求和不断积累，从不让一日闲过，终于成为一代绘画大师，名扬海内外。

所以，俗话说得好："要想人前显贵，必定人后受罪。"哪有什么舒坦轻松的捷径，不过都是厚积薄发而已。

《周易·升卦》曰："地中生木，升；君子以顺德，积小以高大。"升卦的卦象是巽（风）下坤（地）上，而巽又象征高大树木，这样就成为地里生长树木之表象。树木由矮小到高大，象征上升；与此相应，君子通过顺应自然规律来培养自己的品德，通过积累微小的进步来塑造高大完美的人格。

第七章 从"梅花香自苦寒来"看人生磨砺之道

升卦

《周易·升卦》向我们讲述了积累的重要性。对我们来说,无论是修身养性还是学习工作,都需要平时一点一滴的积累,每天进步一点点,最终会达到聚沙成塔、厚积薄发的目标。

荀子云:"积土成山,风雨兴焉;积水成渊,蛟龙生焉。""不积跬步,无以至千里;不积小流,无以成江海。骐骥一跃,不能十步;驽马十驾,功在不舍。锲而舍之,朽木不折;锲而不舍,金石可镂。"

一个人所经历的坎坷,遭遇的险阻,都是十分重要的积累,只有坚守正道,锲而不舍,最终才能实现事业的成功。

☷

第八章

从『民不信不立』看信达天下之道

《易经》中有很多涉及诚信的卦，我们不得不佩服先圣的伟大，早早就提出诚信是做人的操守，使它成了中华传统文化的重要内容，成为中国人做人做事的准则。

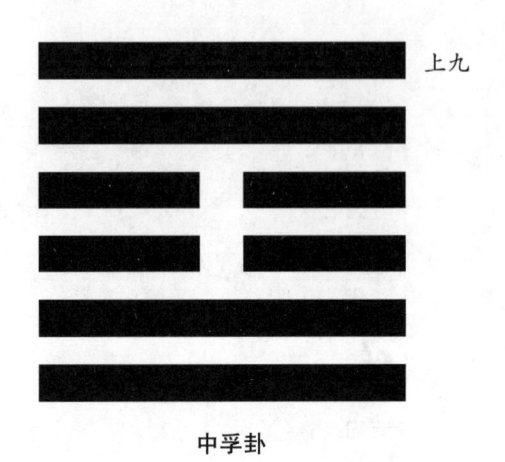

中孚卦

《易经》中阐释诚信最有代表性的卦就是中孚卦："中孚，豚鱼吉，利涉大川，利贞。"大意是：孚就是诚信，中孚就是心中有诚信。有中孚之德的人，诚信无所不及，甚至如小鱼小猪般隐微之物也受其惠，所以可获吉祥。诚信利于行险涉滩，也利于固守正道。

拉钩上吊，一百年不许变

"拉钩上吊，一百年不许变，说话要算数……"这首童谣，使许多人眼前浮现跟自己最亲爱的小伙伴一起钩小拇指的情形，彼此心照不宣，似乎结成了某种古老的仪式，谁背叛就会遭到惩罚。拉钩，很好理解，但后面为何要说到"上吊"呢？按中国人通俗的说法，这不是在咒人吗？其实，"上吊"二字另有所指，跟钱有关。在古代，货币是铜钱，铜钱中间有一个方形孔，关于这个方孔，有多种解释，在这里不去赘述，但这个方孔有一个作用是最关键的,就是通过它用绳子把钱币串起来,成为一吊,吊就成了一个货币单位,一来方便数钱,二来使钱币不容易丢失。"上吊"的含义就是说一吊钱是一个固定的数目,形容无法更改。儿时的歌谣,想必是大人们教育幼童讲诚信的一种方式。由此可见,在传统文化的影响下,中国人对诚信教育是何等重视,以至将其前移到了启蒙的阶段。

从中孚卦的卦象上看,六爻组成了一个符契的形象。古人在订合同时会将内容写在竹板或龟甲上,然后掰成两块,每人一块。当两块竹板或龟甲完整地对在一起时,合同才可以生效。符契就是取信的依据,而中孚卦六个爻的排列形象地将一个符契展示在人们面前。

从前,有一个年老的君王,他无儿无女,虽然贵为一国之君,但他却每天愁眉苦脸,因为他知道自己的身体已大不如从前了,如果有一天他真的死了,谁来继承他的王位呢?

君王把自己的心事告诉他身边一个最忠诚的大臣,让他帮忙出主意。那个大臣说:"皇上,您可以从全国的孩子里挑选一个最诚实的来继承您的王位呀!"

皇帝的眼睛突然一亮,他觉得这个办法不错。这天,皇帝命人给全国所有 11 岁的男孩各发一粒花籽,如果谁能用这粒花籽种出最美丽的花朵,谁就可以继承王位。

有个叫宋金的孩子也领了一粒花籽回家,他把花籽种在一个花盆里,每天精心照料着,他多么希望花籽能快点儿破土发芽,然后开出美丽的花朵啊!可是日子一天天过去了,花盆里没有一点儿动静,就连一棵小草都没有长出来。宋金急坏了,天天守在花盆边,盼着它快快发芽。

转眼两个月过去了,皇帝规定送花选王子的日子到了,可是宋金的花盆仍然空空的,什么都没有长出来。

这天,全国各地的同龄孩子都捧着开满鲜花的花盆来到皇宫,姹紫嫣红的花朵让人眼花缭乱,分不出到底哪盆花是最漂亮的。皇帝眉头紧蹙地看着眼前这些手捧鲜花的孩子。突然，他发现在人群后面有一个小男孩手里捧着空花盆，并且他的头垂得低低的，好像很不好意思的样子。皇帝走到他面前，面带笑容地问道："孩子，你叫什么名字？你怎么捧着空花盆？难道你没有种出花吗？"孩子把头垂得更低了，他小声地说："我叫宋金，我把您送给我的花籽细心地种进花盆里，给它浇水、施肥，可是花籽就是不发芽，没有办法，我只好捧着空花盆了。"

皇帝听完哈哈大笑道："孩子，请你把头抬起来，让我仔细看看我们未来的王子。"宋金简直不敢相信自己的耳朵，他抬起头惊诧地说："什么？您刚才说什么？难道这是真的吗？"国王点了点头说："我是说你就是将来要继承我王位的王子，因为你是这些孩子中最诚实的一个，我把国家交给你是最放心的。"原来，国王发给孩子们的都是煮熟了的花籽，它们根本就不会发芽，更别提开出漂亮的花朵了。其他的孩子也同宋金一样，种不出花来，可是他们为了能够当选，都偷偷地换了花籽，而诚实的宋金却没有那样做，因此得到了皇上的赏识，被选为王子。

如果人生是一棵树，诚信就是其赖以生存的根。有了根的滋润和庇护，诚信之树才能长得高大。

唐朝时期有个叫崔枢的人去汴梁考进士，同南方一商人住在一起达半年之久，两人成了很好的朋友。后来，这位商人得了重病，他对崔枢说："承蒙你照顾，没有把我当外人看待。我的病看来是治不好了，我们家重土葬，如果我死了，你能把我好好安葬吗？"崔枢答应了他的请求。商人又说："我有一颗宝珠，价值万贯，得到它能蹈火赴水，确实是极珍贵的宝珠，我愿把它送给你。"崔枢当时为使商人宽心，暂且收下。

商人死后，崔枢在土葬他时就把宝珠也一同放入棺材，埋进坟墓中去了。崔枢说："我一旦考上进士，所需自有官府供给，怎么能够私藏异宝呢？"一年后，崔枢听说南方商人的妻子从南方千里迢迢来寻找亡夫，并追查宝珠下落。商人的妻子将崔枢告到官府，说一定是崔枢得到了宝珠。

官府派人逮捕了崔枢。崔枢说："如果墓没有被盗的话，宝珠一定还在棺材里。"于是，官府派人挖墓开棺，果然宝珠还在棺材里。汴帅王颜认为崔枢的可贵品质确实不凡，想留他做幕僚，崔枢不肯。第二年，崔枢考中进士，后来一直做到主考官，享有清廉的名声。

在这个故事中，崔枢差点受了牢狱之灾，但他当初把商人的珠宝放入商人灵柩之时也并不是有什么先见之明，能料到有被追捕的事情发生，而是觉得自己应诚实守信，尽心帮助朋友，而不必接受如此厚重的回报。本来他热心尽心地照顾了人家，人家又是自愿馈赠的，按平常人看来是受之无愧，崔枢却觉得受之有愧，况且自己曾有"不能私藏异宝"的诺言，这就是他的不平常之处。

《周易·中孚卦·上九》中说："翰音登于天，贞凶。"《象》曰："翰音登于天，何可长也！"小鸟长大后，飞向天空，发出的声音虚而不实，哗众取宠，有可能出现凶险。

有个"聪明"的小男孩，妈妈带他到杂货店去买东西。杂货店老板喜欢这个可爱的小男孩，就打开糖果罐子，让小男孩自己拿。小男孩没动。老板又说一遍，小男孩还是没有动。于是，老板就自己抓了一大把糖果放到小男孩口袋中。到家后，母亲问小男孩："你为什么自己不去抓糖果呢？"小男孩答道："因为我的手小，老板的手大，所以他拿的一定比我多！"母亲对小男孩的小聪明满心喜悦，却不知已埋下祸根。

是啊，小男孩的确很"聪明"。试想一下，小小年纪就有如此心计，长大以后该有多"聪明"啊！果不其然，由于大人们没有很好教育引导，小男孩长大后继续耍小聪明，违背诚信，触犯了法律，最终锒铛入狱。

一言既出，驷马难追

"驷马难追"，意思是一句话说出了口，就是套上四匹马拉的车也难追上。指话说出口，就不能再收回，一定要算数。

朱熹说："信犹五行之土，无定位，无成名，而水金木火无不待是以生者。"意思是，诚信就像五行之中的土一样，没有浮华显赫的地位，默默无闻，然而五行之中的水、金、木、火等没有不依赖土而存在的。也就是说，诚信是做人立身的基础和根本，如孔子所说："人而无信，不知其可也。"这是说，一个人不讲信用，真不知道怎么能行。

春秋战国时，秦国的大臣商鞅在秦孝公的支持下主持变法。当时处于战争频繁、人心惶惶之际，为了树立威信，推进改革，商鞅下令在都城南门外立一根三丈长的木头，并当众许下诺言：谁能把这根木头搬到北门，赏金十两。围观的人不相信如此轻而易举的事能得到如此高的赏赐，结果没人肯出手一试。于是，商鞅将赏金提高到五十两。重赏之下必有勇夫，终于有人站出来将木头扛到了北门。商鞅立即赏了他五十金。商鞅的这一举动，在百姓心中树立起了威信，而商鞅接下来的变法很快就在秦国推广开来。新法使秦国渐渐强盛，最终统一了中国。

要在百姓中树立威信，首先自己要诚信。商鞅很懂这个道理，以立木而取信于民，说明了他做事的决心和勇气。尽管后人对商鞅的做法褒贬不一，但他最终还是达到了目的。有人会说，一个国家竟然用这种层次极低的做法，有损国家形象。对于这个问题，商鞅肯定想到了。当时，秦国处于外忧内患的境地，政出多门，政令不清，百姓对官府没有信任。这时候要变法，如何动员百姓，统一思想？如果用复杂的办法，涉及人力、物力、财力等因素，最关键的还有时间上的问题，故只能采取简单实用的方法。商鞅头脑中灵光一闪,想到了"搬木头有赏"的方法,商鞅通过这种方法打造了一个社会稳定的基础,效果真的不错。"徙木立信"的故事流传千古,成为信达天下的典范。

《周易·中孚卦·象》曰:"中孚以'利贞',乃应乎天也。"就是说,中孚卦诚信而守持正固的美德,应合于天道:真诚自然、中正而信、光明无私。

春秋时期,晋献公听信谗言,杀了太子申生,又派人捉拿申生的弟弟重耳。重耳闻讯,逃出了晋国,在外流亡十几年。

经过千辛万苦,重耳来到楚国,楚成王认为重耳日后必有大作为,就以国礼相迎待他如上宾。

一天,楚王设宴招待重耳,两人饮酒叙话,气氛十分融洽。忽然,楚王问重耳:"你若有一天回晋国当上国君,该怎么报答我呢?"

重耳略一思索说:"美女待从、珍宝丝绸,大王您有的是,珍禽羽毛、象牙兽皮,更是楚地的盛产之物,晋国哪有什么珍奇物品献给大王呢?"

楚王说:"公子过谦了。话虽然这么说,可你总该对我有所表示吧。"

重耳笑笑回答道:"要是托您的福,果真能回国当政的话,我愿与贵国友好。假如有一天,晋楚国之间发生战争,我一定命令军队先退避三舍(一舍等于三十里);如果还不能得到您的原谅,我再与您交战。"四年后,重耳真的回到晋国当了国君,就是历史上有名的晋文公。晋国在他的治理下日益强大。

前633年,楚国和晋国的军队在作战时相遇。晋文公为了实现他许下的诺言,下令军队后退九十里,驻扎在城濮。楚军见晋军后退,以为对方害怕了,马上追击。晋军利用楚军骄傲轻敌的弱点,集中兵力,大破楚军,取得了胜利。

《周易·系辞上》中说:"人之所助者,信也。"人之所以能够得到他人乃至上天的帮助,是因为诚实守信。

中国人普遍认为,诚信就是人品,人品就是道德,道德就是名誉,名誉就是生命。历史上就有人把"诚信"的文章做到了极致，从而保护了国土的完整，保卫了人民的安宁。

同样在春秋时期，齐国国相管仲挂帅出兵伐楚，楚国大将狄考被齐军俘虏。行刑时，狄考面无惧色地向管仲请求道："我为国捐躯，纵死无憾，只可叹家中有九旬老母无人照料，恳求国相放我回去一趟，安排好老母的后事我就回来领刑。"

管仲也是有名的孝子，听后怜悯之心顿生，竟为狄考松开绑绳，并赏一匹快马，让他回家探母。谋士们都说："人在求生时都会说这样的话，国相怎能轻易相信呢？狄考绝对不会回来了！"管仲道："倘若他说的是真的，杀了他就等于杀了他的老娘。违背孝道之事，天理难容。"

齐军继续前进，两天后来到一个村庄，村里的人早已跑光，只有一个青年依然守着一个病人不肯离开。管仲问："你为什么不去逃难呢？"青年回答："我答应照顾我生病的朋友，怎么能抛下他不管去逃难呢？"管仲又问："难道你不怕在兵荒马乱中丧命吗？"青年回答："纵然是死，我也不会做失信的事情。"

这时，有军士来报："狄考回来了！"管仲和众将都万分惊异。管仲问道："你明明知道将会被斩首，为什么还回来？"狄考说："我应承的事就绝不会失信，我们楚国不论君王、文臣武将，还是平民百姓都是如此，诚实守信是我们的立国之本！"

管仲听后感慨道："我们是无义之师攻入了有义之邦啊！"于是，他传令停止攻伐，全线退兵，楚国因此避免了战乱之灾。

管仲能有此举动，皆因其亦是易经大师，通晓易理，明白厚德载物、师出有名的道理。在《史记》中记载了管仲运用易理治理国家、神机妙算等事迹，在这里不再赘述。

你又变卦了

"变卦",是中国人经常说的一个词。评价说的话不算数,就会用"你又变卦了"对出尔反尔的行为表示不满,久而久之,"变卦"就成了"不讲信用"的代名词。

有人会问,变卦的"卦"指的是什么呢?为何不说变水、变木或者变火,偏偏只说变卦呢?其实,人们所说的变卦的卦,就是《易经》中的卦。《易经》有固定的六十四卦,也叫本卦,六十四卦中任何一爻发生变化都会变成另外的卦,就叫作变卦。

例如,乾卦初九阳爻变成阴爻,乾卦就变成天风姤卦。

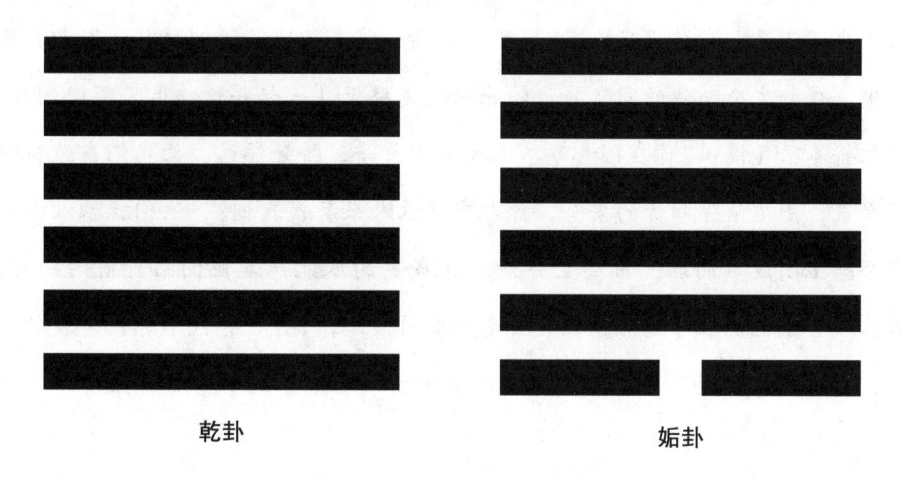

乾卦　　　　　　　　姤卦

未变前的卦叫本卦,变化后的卦叫之卦,"之"有去往、去向的意思。卦象变了,卦的含义就不一样了,但与本卦有密切的联系。在《易经》原理中,之卦可以预测事物的发展方向。《易经》这种卦可以变化的特性,在人们心中打上了深深的烙印。于是,人们就把"变卦"一词借用过来,形容不讲诚信的行为。一说某人变卦了,个个都能听得懂,比说某人不讲诚信,更具中国传统文化特色和味道。

历史上变卦者，不绝于世。因变卦而丢命者有之，亡国者亦有之。

春秋时期，周庄王九年（前688年），齐国联合宋、鲁、陈、蔡四个诸侯国攻打卫国。卫国被攻陷后，齐国诸侯齐襄公担心周王会派兵来讨伐，就派大夫连称为将军、管至父为副将，统领兵马在葵邱那个偏远的地方戍守。两位将军临行前请示齐襄公道："戍守边疆虽然劳苦，但是作为你的臣子，我们不敢推辞，只是我们去驻守得有个期限，主公以什么为期限呢？"当时，齐襄公正在吃瓜，就顺口应付说："现在正是瓜熟时节，等到明年瓜再成熟的时候，我就会派遣别人替代你们的。"

两位将军于是带兵前往葵邱驻扎。不知不觉间，一年光景过去了。由于军务繁忙，两位将军把临行前和齐襄公的约定也渐渐地忘记了。忽然有一天，兵卒向两位将军进献刚成熟的瓜让他们尝尝鲜。这时，两位将军才想起和主公的瓜熟之约，思乡之情油然而生，心里禁不住嘀咕："此时正该换防，为什么主公还不派人来替代我们呢？"于是，两位将军特地差遣心腹前往国都打探情况，得知主公与他的同父异母的妹妹文姜整天在一起寻欢作乐，不理朝政。两位将军很气愤："你在国都享尽人间富贵荣华，骄奢淫逸，让我们在边疆吃苦受累，用生命保护你的安全，你却忘记派人来替代我们？"他们就派人向齐襄公献上刚成熟的瓜，希望主公看到这成熟的瓜能想起他们临行前的约定，并派人替代他们驻守边防。齐襄公看到瓜时大怒，说："替代不替代是我的主意，也应该是我说了算，他们为何还要来请求啊？等到明年瓜再熟时方可派人去替代他们！"

两位将军听了回报，气得咬牙切齿，当即动了密谋起兵造反的念头。随后，他们便暗地里与公孙无知联合，杀死了齐襄公，拥立公孙无知为新的国君。一代君主因为不讲诚信，违背诺言，惹得人怒，最终葬送了身家性命，可恨可悲啊！

一个人若不守信，便会失去别人对他的信任。一旦他处于困境，便没有人再愿意出手相救。失信于人者，一旦遭难，就只有坐以待毙。

济阳有个商人过河时船沉了,他抓住一根大麻杆大声呼救。有个渔夫闻声而至。商人急忙喊:"我是济阳最大的富翁,你若能救我,我给你一百两金子"。待被救上岸后,商人却翻脸不认账了,他只给了渔夫十两金子。渔夫责怪他不守信,出尔反尔。富翁说:"你一个打鱼的,一生都挣不了几个钱,突然得十两金子还不满足吗?"渔夫只得怏怏而去。

不料想,后来那富翁又一次在原地翻船了。有人欲救,那个曾被他骗过的渔夫说:"他就是那个说话不算数的人!"于是,商人被淹死了。商人两次翻船而遇同一渔夫是偶然的,商人的不得好报却是必然的。

孔子说:"人而无信,不知其可也。"作为一个商人,如果没有做到这一点,即使他是"济阴之巨室",他的钱财又能保持几何呢?一个不讲诚信的人,无法赢得大家长久的尊重。如果一个人不讲诚信,即使他富可敌国,也会像这个商人一样,遭人唾弃。人无信不立,既然答应别人的事,就要兑现承诺。如果你经常将"卦"变来变去,言而无信,必失信于人。"济阴之贾人"就是因为不信守承诺,所以当他再次遇到险情时,无论他怎样对渔夫承诺,渔夫都不会再听他的话去救他,他最终丧失了宝贵的生命。看来,"承诺是金"这句话一点都不假。

诚信是宝贵的精神财富,打动着人的灵魂。《易经》中孚卦外实内虚、中正对称、心中诚信的形象,在变幻的时空中,依然闪烁着诱人的光芒,让人心动,使人难忘。

第九章

从『不偏不倚』看中正和合之道

何为"中正"?就是一个事物处在得当、适度、适中的位置上,就是"不偏不倚""不左不右",体现的是正常、正直、正确。何为"和合"?就是事物和谐、和睦、合一。

震
坤

豫卦

《周易·豫卦·六二》中说:"介于石,不终日,贞吉。"《象》曰:"不终日,贞吉,以中正也。"六二阴爻处于阴位,说明其位置是正位。六二阴爻居下卦之中位,说明六二爻居中得正,人处于欢乐之中,仍保持中正,保持正派,这样的人不可能不吉祥。这样的人,面对各种诱惑,意志都如石头一般坚硬。所以,他们能够很快就悟出事情的道理,不会失去方向;他无论是做事还是从政,都会有好的结果。

在《易经》六十四卦中,每一卦的第二爻和第五爻均处于特殊地位,就是因为每一个卦都有六个爻位,二爻处下卦的中间,五爻处上卦的中间。《周易·系辞下》说:"初难知,上易知,二多誉,三多凶,四多惧,五多功。"就是说,在一卦中,二、五爻吉辞最多,这也就突出了"中"的思想,如能符合中道,就能做到吉多凶少。

第九章　从"不偏不倚"看中正和合之道

居中方能得正

《易经》的"中正和合"，包含道法自然的对称美。"中正"就要求对称，对称就产生美感，这就是"和合"。最能体现对称美，达"中正和合"之理念的，莫过于中国传统建筑。所以，不管是宫殿还是普通民宅，一般都采用对称设计，如东西厢房、东西二宫等。这种对称美正是由于中国人信奉道法自然，崇尚《易经》的"中正和合"思想。

在中国建筑中，能看到很多受"中正和合"思想影响的例子，其中最有代表性的就是故宫。

我们来听一听国学大师张其成博士讲故宫的故事：

很多人都去过北京故宫，但我不知道各位对故宫的建筑秘密了解多少，我去过十多次了，每次去都有新的收获。我终于发现，故宫原来是一部《周易》的立体展现，是中华文化最完美的立体画卷。

北京故宫是中国明清两代的皇家宫殿，旧称紫禁城，位于北京中轴线的中心，是中国最大的古代宫廷建筑，也是世界上现存规模最大、保存最为完整的木质结构古建筑，被称为世界五大宫殿之首。

紫禁城是明成祖永乐皇帝朱棣建造的，建造了十四年。紫禁城的建筑面积约十五万平方米，有大小宫殿七十多座，据说有房屋九千九百九十九间半。整个建筑按照《周易》中正和谐的哲学思想，呈现中间高、两边低的布局，中线建筑分为外朝和内廷两部分，相当于前面办公区，后面生活区。前三殿后三宫，好比《易经》两个三爻卦构成一个六爻卦。

外朝的中心为太和殿、中和殿、保和殿，统称"三大殿"，是国家举行大典礼的地方。内廷的中心是乾清宫、交泰殿、坤宁宫，统称"后三宫"，是皇帝和皇后居住的正宫。这些名称都取自《易经》，"太和""保和"取自《周易·乾卦》："保合太和，乃利贞"。"中和"是《周易》中正和谐思想的简称，乾清宫、交泰殿、坤宁宫都用了卦名。前三殿是阳，后三宫是阴，阴阳中和，构成一个地天泰卦。

前三殿最早叫奉天殿、华盖殿、谨身殿，明代嘉靖皇帝重修时改名为皇极殿、中极殿、建极殿，都有一个"极"字，表示至高无上，到了清朝入关后的第一位皇帝——顺治皇帝才改为太和殿、中和殿、保和殿，强调了"和"。

太和殿，俗称"金銮殿"，太和殿是紫禁城内体量最大、等级最高的建筑物，是皇帝举行大典的地方。如今很多人认为太和殿平时是用于上朝的，其实不是。明、清两朝二十四位皇帝都在太和殿举行盛大典礼，如皇帝登基即位、皇帝大婚、册立皇后、命将出征，此外，每年皇帝生日（万寿节）、元旦、冬至三大节，皇帝在此接受文武官员的朝贺。皇帝一般是在太和门、乾清门上朝。

中和殿位于太和殿后，是皇帝去太和殿举行大典前稍事休息和演习礼仪的地方，在这里接受内阁大臣和礼部官员行礼，然后进太和殿举行仪式。中和殿是正方形的，取义"中正"。

保和殿，在中和殿后。是每年除夕皇帝赐宴外藩王公的场所，也是科举考试举行殿试的地方。

后三宫，第一个宫是乾清宫，取自《周易·乾卦》。其建筑规模是内廷之首，乾为皇帝。明代共有十四位皇帝曾在此居住。清顺治、康熙也在此居住。雍正以后搬到了养心殿居住。雍正秘密选定接班人的圣旨锦盒就存放在乾清宫"正大光明"匾后。

第二个宫是交泰殿，取自《周易·泰卦》："天地交而万物通也"，位于乾清宫和坤宁宫之间，为方形，交泰殿是皇后生日（千秋节）接受庆贺礼的地方。

第三个宫是坤宁宫，取自《周易·坤卦》。坤为皇后，明代是皇后的寝宫。清顺治十二年改建后，为萨满教祭神的主要场所。

以上是中轴线上最重要的六个建筑。我们再来看看紫禁城四门：故宫的南门是午门，北门是神武门，东门是东华门，西门是西华门。午门，在十二地支中是午，南边为朱雀，俗称"五凤楼"。

张其成先生是不是把故宫建筑与《易经》思想的关系讲得很清楚呢？

《易经》"居中""得正"的理念，对道教宫观建筑也有很大的影响。主殿位于中心，按中轴线前后递进、左右均衡对称展开。北京的白云观就是这方面的代表性建筑。

观卦

《周易·观卦·象》曰："大观在上，顺而巽，中正以观天下，观。"这里明确提出了"中正"的理念，这也是观卦的核心思想。而观卦的"观"又被用于道教道院的统称，是不是有一种与《易经》思想高度契合、充满玄妙的神奇感觉呢？再来看看观卦的卦画形象，前面四爻从初六爻到六四爻是那么的对称、中正，厢房在两边，大路在中间，而九五爻和九六爻就是道观的主殿，整个观卦仿佛就像一座道观平铺在纸上。

中国人因受"居中""得正"观念的影响，无论是居家建筑还是公共建筑几乎都采用传统的对称方式。20世纪50年代，北京为迎接新中国成立十周年而建的十大建筑，更是继承了"中正"思想，每一座建筑都散发出中国传统文化的浓厚气息。

传统建筑这种"居中对称"的设计理念，满足了人们心理上的两种愿望。一是将理论的"中正"、虚构的"中正"实体化和显性化，让人们看得见、摸得着，在这样的建筑内生活、工作，会促使大家按照"中正和合"的思想去为人处世。二是建筑物外形的中正对称，将会朝着好"风水"的方向发展，吸收更多正能量，从而满足人们的精神追求。此外，中正对称的建筑物会产生一种对称美，这种对称的美既体现在物质上又体现在精神上，从根本上来说，正是由于中国人信奉道法自然、崇尚人与自然和谐统一的天人合一思想。

说到"居中"，我们很自然地想到"中庸"二字，很多时候人们对"中庸之道"产生错误的理解，一度认为，所谓中庸，大概就是马马虎虎，糊涂敷衍，得过且过，整个老好人的形象。孔子对中庸之道给予很高的评价："中庸之为德也，其至矣乎！民鲜久矣。"意思是说，中庸作为一种道德，该是最高等的了！但人们已经长久缺乏这种道德了。中庸思想的形成和发展应该来自《易经》的"中正"理念。

治大国若烹小鲜

"治大国若烹小鲜"这句话出自《道德经》，烹，即煎、煮；鲜，就是鱼。意思就是，治理大国就像烹饪小鱼一样，应该合理调味，掌握火候，并且不乱搅动。老子怎么会把"治大国"与"烹小鲜"联系起来呢？这是有典故的。商汤时期，汤向臣子伊尹询问饭菜的事。伊尹建言："做菜既不能太咸，也不能太淡，要调好佐料才行；治国如同做菜，既不能操之过急，也不能放松懈怠，只有恰到好处，才能把事情办好。"汤听了，很受启发，遂重用伊尹。

《易经》中的"中正"思想与"治大国若烹小鲜"的理念十分吻合，如出一辙，都在强调治国理政，特别是治大国要把握火候，掌握度，做到不偏不倚。

"治大国若烹小鲜",是中华民族独有的治国理政经验。历朝历代有作为的执政者,无不从"治大国若烹小鲜"中汲取治国理政的营养。

汉惠帝即位第二年,年老的相国萧何病重。汉惠帝亲自去探望,还问萧何将来谁来接替他合适。

萧何不愿表态,只说:"谁还能像陛下那样了解臣下呢?"汉惠帝问他:"你看曹参怎么样?"

萧何和曹参早年都是沛县的官吏,跟随汉高祖一起起兵。两人本来关系很好,后来曹参立了不少战功,可是他的地位比不上萧何,两人就不那么和好了。但是萧何知道曹参是个治国人才,所以汉惠帝一提到他,萧何也表示赞成,说:"陛下的主意错不了。有曹参接替,我死也安心了。"

萧何一死,汉惠帝马上命令曹参进长安,接替做相国。曹参还是用清静无为的办法,一切按照萧何已经规定的章程办事,什么也不变动。

有些大臣看曹参这种无所作为的样子,有点着急,便去找他,想帮他出主意。但是他们一到曹参家里,曹参就请他们一起喝酒。要是有客人在曹参面前提起朝廷大事,曹参就把话题岔开,弄得客人没法开口。最后,客人喝得醉醺醺地回去,什么也没有说。

汉惠帝看到曹相国这副样子,认为他是倚老卖老、瞧不起自己,心里挺不踏实。

曹参就对汉惠帝说:"陛下曾说过,陛下不如高皇帝,我又不如萧相国。高皇帝和萧相国平定了天下,又给我们制定了一套规章。我们只要按照他们的规定照着办,不要失职就是了。"

汉惠帝这才明白过来。

曹参用他的黄老学说,做了三年相国。由于当时正值久战之后,百姓需要安定,而曹参那套办法没有给百姓增加更多负担。因此,当时有人编了歌谣称赞萧何和曹参。历史上把这件事称为"萧规曹随"。

2013年3月19日，在对俄罗斯、坦桑尼亚、南非、刚果共和国进行国事访问并出席金砖国家领导人第五次会晤前夕，国家主席习近平接受了金砖国家媒体联合采访，就中国同有关国家双边关系、中非关系、金砖国家合作、中国改革开放等问题阐述了政策主张。在面对巴西《经济价值报》的记者提问时，习近平主席说："这样一个大国，这样多的人民，这么复杂的国情，领导者要深入了解国情，了解人民所思所盼，要有'如履薄冰，如临深渊'的自觉，要有'治大国若烹小鲜'的态度，丝毫不敢懈怠，丝毫不敢马虎，必须夙夜在公、勤勉工作……"

习近平主席在这样的场合，提出领导者要深入了解国情，了解人民所思所盼，要有"如履薄冰，如临深渊"的自觉，要有"治大国若烹小鲜"的态度，其实就有向我们的各级领导干部"喊话"的意味。"烹小鲜"，最为讲究的是拿捏分寸、掌握火候，不能操之过急，也不能松弛懈怠。

1983年，美国总统里根，在新年元旦发表国情咨文时，也引用了老子的"治大国若烹小鲜"，一下子使《道德经》的英译本在美国热销了几万册。一个美国总统谈治国理政，为什么要引用中国古代圣人的名言？因为"治大国若烹小鲜"这七个字蕴含着深刻的政治智慧、深邃的管理哲学、务实的治国方略。

《易经》中很多卦象都强调，治国要用"烹小鲜"之法，以保国泰民安，做人亦要如"烹小鲜"，方能成就个人大业。

《周易·需卦·初九》中说："需于郊，利用恒，无咎。"《象》曰："需于郊，不犯难行也。利用恒，无咎，未失常也。""郊"，意为野外，"需于郊"就是离城邑还有一段距离，就在那里等待。为什么要在郊外等待而不索性进城再说呢？原因是"不犯难行也"，就是不想为前行感到为难。"利用恒，无咎。""恒"，常也，表示事情发展的一种正常状态，就是停止在该停止的地方，这是遇到阻碍时最正常不过的反应。不要说郊外离城邑还有一段距离，即便只剩下一箭之地远，百米冲刺就可以进城，也决不进城，因为前方情况

第九章 从"不偏不倚"看中正和合之道

初九

需卦

不明，故要稳住心神，耐心等待，不能反复无常。这就是"需于郊"表现出来的"用恒"，也是"烹小鲜"表现出来的功力。

中不中？中！

"中不中？中！"这是一句典型的河南方言，所表示的意思是"行"或"好"。我们把这句方言与河南的简称"豫"结合《易经》来研究探讨，会发现一些奇妙的东西。

河南古称豫州，《易经》中有豫卦，豫卦中有论述"中正"之爻，河南方言又经常说"中"，这难道不是很神奇吗？周文王被囚于羑里（今河南汤阴），在狱中推演《周易》，将八卦演化成六十四卦。羑里在豫州之内，周文王将六十四卦中的第十六卦命名为"豫卦"，就特别顺理成章，显得是自然而然的事。

《周易·豫卦·六二》中说："介于石，不终日，贞吉。"《象》曰："不终日，贞吉，以中正也。""中正"之说出现在豫卦里，出现在大家都说"中"的豫域内，不能不说是巧合。

豫卦

河南人说"中"是出了名的，但我们仔细琢磨起来，又感觉"中"不仅仅代表"行"或"好"，似乎还有另外一种含义。这是一种内在、深层次的含义，它蕴含着居中守正、恰到好处、和谐有度的意思。古往今来治世、处身之道，被河南人一个"中"字简单绝妙地阐释得清清楚楚。"中中中"说出了"你好我好大家好"的和睦之意，还说出了"化干戈为玉帛"的和谐之道。走进中原大地，"中"字几乎与你寸步不离，"中"声不绝于耳。赞赏别人时，伸出大拇指说"中"；被对方拒绝时，礼貌性地回应说"中"；协商谈判中，让步时也说"中"；你准确预测到了什么事情时，对方会说"被你说中了"；甚至家里的馍蒸好了，也会说"馍中了"。

"中"与"中庸之道"的本义是相通的。因此，"中"在小的语境中有适中、舒服的意味，而在大的语境中便有和谐、和睦的意味。由此引申出更多、更丰富的文化内涵，鞭策人们做人做事要有分寸，要把握好度，做到不偏不倚、以和为贵，不懈追求儒家"修身、齐家、治国、平天下"的境界。

春秋时期，中原有个国家叫郑国（现河南新郑一带），其国君叫郑庄公。历史上名号响当当的帝王有很多，而名号一般的郑庄公却得到毛泽东的高度评价，用毛泽东自己的话来说，这是因为郑庄公当年"在国内斗争和国际斗争中都很懂得策略"。由此可以看出，郑庄公在"中"的理解和运用上达到了炉火纯青的境界。且不去分析郑庄公如何用"中"治国理政，先来看一个郑庄公用"中"化解家庭矛盾的故事。

郑庄公的父亲郑武公，娶了齐国武姜为夫人。武姜是个性格偏执又倔强的女人，她的大儿子叫姬寤生。武姜生大儿子时恰恰遇到难产，她痛苦不已，还差点见了阎王。虽说母子二人最终平安无事，武姜却对这个差点要了自己命的儿子厌恶至极。后来，武姜生下第二个儿子共叔段，这次非但没有难产，且小儿子生得眉清目秀，很得她的喜欢。从此之后，武姜就越发讨厌大儿子，对小儿子则宠爱不已。眼见郑武公身体日渐衰老，武姜多次求他下诏改任共叔段为太子，可郑武公并没有答应。

郑武公病逝后，姬寤生顺利继承了郑国的王位，称郑庄公。母亲武姜请求郑庄公封赐共叔段。于是，郑庄公封共叔段为京城太叔，管辖和治理京邑地区。

共叔段从小在母亲的娇惯宠溺下养成了很多坏毛病。母子二人一直不满姬寤生——郑庄公当政，无论郑庄公如何忍让，二人还是私下谋求篡权，想推翻郑庄公，夺取郑国王位。

郑庄公挫败了他们的阴谋，共叔段一看大势已去，只能在卫国自尽。

郑庄公思前想后，对母亲气愤不已，但是自己又不能杀死生身之母。郑庄公对母亲说："我是被逼无奈才追杀弟弟的，手足相残本不应该，但母亲和弟弟有过错在先。既然母亲如此不念母子之情，也就怪不得儿子我了，我们从此永远都不必相见了。如果再见，就只有在黄泉之下！"

郑庄公一气之下将母亲送到颖城，让她独自闭门思过。

颖城的护卫官颖考叔是个有名的孝子。他听说这件事后，便去面见郑庄公。交谈中，颖考叔感到郑庄公并未断绝思母之情，便出一计策。

颖考叔说："您不是说要在黄泉与母亲相见吗？您派人挖个地道，一直通到颖城您母亲居住的房子下面。您不就可以在这个地下"黄泉"里与您母亲相见了吗?"郑庄公一听大喜,觉得很有道理。于是立即命人挖了一条地道,直通母亲居住的房屋下面。孝子郑庄公终于和母亲在"黄泉"下相会了。母子二人相拥而泣,冰释前嫌。

第十章

从『笑一笑，十年少』看乐天知命之道

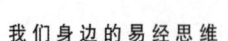

所谓"笑一笑，十年少"，就是说如果始终保持一种乐观的心态，笑口常开，就会充满朝气、青春永驻。

一个人生活在世界上，最好的状态就是开心，什么都不如开心。开心能够让自己活得愉悦、潇洒，充满幸福感，这样的人生的质量是极高的。或者说，一个人来到这个世界上，就是为了追求幸福、快乐的。每个人生活的态度、生活的轨迹都不一样，但生活的目标是高度一致的，都是获得快乐，实现幸福，直至人生的终点。有的人追求财富；有的人追求权力；有的人追求事业；有的人追求情感；有的人什么也不追求，这也是一种"求"，不管是哪一种追求，都是为了满足自己的欲望，从而获得快乐。在满足欲望的方式上，有的用正道，有的用邪道。如果把自己的快乐建立在别人的痛苦之上，这种快乐就是扭曲的、变态的，应该被唾弃。

对于人追求快乐的这种天性，《易经》早就有论述。正因如此，《易经》中专门用一个卦来描述快乐、愉悦，这就是兑卦。

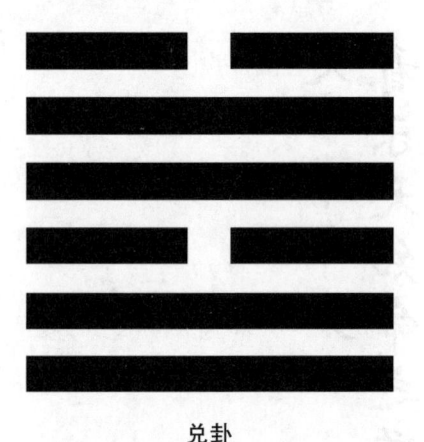

兑卦

兑卦为同卦相叠。"兑，说也。""说"同"悦"，有喜悦之义。兑为泽，两兑相叠，有两泽相连、两水交流之象，象征一种和悦。《周易·系辞上》曰："旁行而不流，乐天知命，故不忧。"说的是，易道与天道相似，乐于自然趋势，而无一杂念，深知命运有定，不为利害祸福所动心，所以处之坦荡，没有什么可忧虑的。

国学大师张其成博士谈兑卦：

"兑"是什么意思呢？兑卦在自然界中代表沼泽，沼泽里有水，可以滋润万物，这样万物就喜悦了，所以兑卦有喜悦的意思。《说卦传》说"说万物者莫说乎泽"，意思是说，能使万事万物喜悦的没有能比得过兑卦的。

兑卦卦象是下面两根阳爻，上面一根阴爻，可以把阴爻看作羊角，所以兑卦也表示羊，羊是温顺、讨人喜欢的动物。我们再来看"兑"字，"兑"字好像是一个人张开了嘴，中间是口，张开嘴做什么呢？一个是说话，另一个是笑，所以"兑"字加"言"字旁是"说"，加"心"字旁是"悦"，兑卦讲的就是喜悦、快乐之道。

我们来看卦辞：兑，亨，利贞。兑卦是亨通的，有利于守持正道。因为它心里喜悦，所以能守持正道，自然就亨通了；反过来说，守持正道，心中必然是喜悦的。

《彖》曰："兑，说也，刚中而柔外，说以利贞，是以顺乎天而应乎人。"兑卦是主喜悦的，它是阳刚居中而柔和处外，心情喜悦，就有利于守持正道，所以，兑卦既符合天道又顺应人道。君子从内心发出喜悦，并且身先士卒，总跑在前面，老百姓就会任劳任怨，忘记自己的疲劳；如果君子能诚心诚意地奔赴艰难，老百姓也必然会舍生忘死。所以喜悦的意义多么伟大，老百姓可以按照喜悦之道自我勉励。

《彖》说出了快乐之道的本原。为什么快乐？因为君主身先士卒了，下面的老百姓就会真正快乐。按照佛家的说法，人一生下来就是苦，人生有八苦，哪八苦呢？生、老、病、死、爱别离（相爱的人分别）、怨憎会（冤家对头一天到晚见面）、求不得（求名、求利、求钱、求权，最后啥也得不到）、放不下（"五取蕴"，执着于五蕴）。既然如此，从某种意义上说，人生下来就要离苦得乐，无论学习、工作、生活，真正的目的都是追求人生的快乐。

快乐的本质是什么呢？兑卦告诉我们，要"顺乎天而应乎人"：自己要顺应天道，还要和周围的人处理好关系。怎么做呢？最主要的做法就是"刚中而柔外"，内心要有原则、诚信、正直，外在要柔和、谦逊，与人处理好关系，不要太有棱角。这样，自己快乐了，周围的人都快乐，这才是真正的快乐之道，有句话叫"女为悦己则容，士为知己者死"，就是这个道理。

知足者常乐

"知足常乐"，出自《老子·俭欲第四十六》："罪莫大于可欲，祸莫大于不知足；咎莫大于欲得，故知足之足，常足。"意思是说，罪恶没有大过欲望的了，祸患没有大过不知满足的了，过失没有大过贪得无厌的了，所以，知道满足的人永远是觉得快乐的。

履卦

在《周易·履卦》中有这样一句话："履道坦坦，幽人贞吉。"这讲述的就是懂得知足的道理。这句话的意思是，行道之人胸怀坦荡，长期隐居的人吉祥如意。《象》说："幽人贞吉，中不自乱也。"意思是，长期隐居的人吉祥如意，就是因为他们秉性中正，不为世俗所惑。所以，《易经》的这句话告诉我们一个道理：想避开灾祸，减少欲望是最有效的方式，这样可以避开过分的追求，拥有平安幸福的人生。

据《列子》记载，孔子游泰山，途中遇到了荣启期（春秋时期有名的隐士），看他穿着鹿皮制作的劣质裘服，腰间扎一根麻绳，衣不蔽体，却一边弹琴，一边唱歌，一副怡然自得的样子。

孔子上前问他："先生所以乐，何也？"

荣启期回答说："吾乐甚多，天生万物，唯人为贵。而吾得为人，是一乐也。"意思是，我的开心事太多了，老天造万物，人类最尊贵，我生而为人，这是我第一件快乐的事情。

荣启期接着说："男女之别，男尊女卑，故以男为贵；吾既得为男矣，是二乐也。"意思是，男女有别，男人尊贵，女人卑贱，我生而为男人，这是我第二件快乐的事情。

荣启期继续说："人生有不见日月，不免襁褓者，吾既已行年九十矣，是三乐也。"意思是，有人生下来还没来得及看看太阳、月亮，就死在襁褓之中了，我今年已经活了九十岁了，这是我人生中第三件快乐的事情。

"贫者士之常也，死者人之终也，处常得终，当何忧哉？"意思是，贫穷是读书人的常态，死亡是人生的归宿，能居常而得终，还有什么可以忧虑的呢？

孔子感叹说："善乎！能自宽者也！"意思是，说得好啊！老先生是个能宽慰自己的人，知足者常乐嘛！

所谓知足，就是不断地补充满足感。追求幸福、快乐的最可靠方法要有一个超越别人的心态，时时敞开胸怀，让心灵保持明亮，对待人和事物都想通一点，看开一点。快乐是可以自己制造的，这样我们的人生就充满快乐，就是真正意义上的"常乐"。

一个男人被一只老虎追赶而掉下悬崖，庆幸的是，在跌落过程中他抓住了一棵生长在悬崖边的小灌木。此时，他发现头顶上那只老虎在虎视眈眈，低头一看，悬崖底下还有一只老虎，更糟的是，有两只老鼠正忙着啃咬悬着他生命的小灌木的根须。绝望中，他突然发现附近生长着一簇野草莓，伸手可及。于是，这人拽下草莓，塞进嘴里，自语道："多甜啊！"

生命过程中，当痛苦、绝望、不幸和危难逼近的时候，你是否还能享受一下"野草莓"的滋味？苦中求乐才是快乐的真谛。

"知足"还有一层意思，就是要懂得放弃。学会放弃，才能享受到其中的快乐。

有这样一个故事：

有个优秀的年轻人，非常想在每个方面都比别人强，他极其想做一个有大学问的人。但是，几年过去了，他的每个方面都不错，唯独学业无长进。他很苦恼，便去拜访一位大师。

大师说："我们登山吧，到山顶你就知道该怎么做了。"

那山上有许多晶莹的小石头，煞是迷人。每当年轻人见到喜欢的石头，大师就让他装到袋子里背着，很快，年轻人就吃不消了。

"大师，再背，别说到山顶了，恐怕我连动一动的力气都没了。"他抬起头凝望着大师说道。

大师微微一笑："该放下啦，背着石头怎么可以登上顶峰呢？"年轻人一愣，忽觉心中一亮，向大师道谢后走了。后来，他一心做学问，进步飞快……其实，人要有所得，必然会有所失，只有学会放弃，才有可能登上人生的巅峰啊！而在这样一个过程中，自然也得到快乐。

有的人拥有非常丰富的物质，内心却仍然有一种空虚感，缺乏满足感，根源就是自己的不知足。人生的欲望是无止境的，当一个人把心思全放在欲望上的时候，除了贪得之心，其他便一无所有，这样的人生只会越来越空虚，越来越无聊。反之，学会帮助和鼓励别人，才能够从别人那里获得真正的富足、实在的快乐，这是施舍与知足给自己带来的真正的精神财富。

有一个男子坐在一堆金子上面，但是他同样伸出双手向别人乞讨。一个神仙走过来，男子希望神仙给自己爱情、荣誉和成功，神仙答应了他的条件。过了一段时间，神仙再去看他，男子却说："我还是不开心。"神仙问他为什么。男子说："我希望拥有快乐和刺激。"这时候，神仙也满足了他的条件。又过了一段时间，神仙又去看他，发现他还是不开心，神仙问他为什么还是不开心。男子这时候反问神仙："怎么样才能活得开心呢？"神仙笑着说："如果你想开心，那从现在开始就要学会付出。"从此之后，这个男子开始把自己的金子施舍给那些衣食堪忧的穷人，把爱给了需要爱的人，把荣誉和成功给了失败者，把快乐给了忧愁的人；而在施舍的时候，他见过了更多比他还要糟糕的人，这时候他也变得满足了，也感觉快乐了，日子在开心快乐中度过，男子真正享受到了人生的幸福。

古人说："人心不知足，常逢灾与愁；三十三天上，仍要起高楼。"一个人不知命、不知足，自然常常给自己找麻烦与痛苦。人先要知命才能知足。知己命，学会珍惜与努力；知天命，懂得谦和与放弃。

有爱就有乐

《周易·比卦·九五》曰："显比，王用三驱，失前禽。邑人不诫，吉。"其大意是：亲辅仁爱之心显示出来，君王狩猎时，用三面包抄，但留下正前方空档，放走这一路禽兽。中国人不生气，吉祥。

比卦

周文王的"王用三驱"与商汤王的"网开一面"有异曲同工之妙。数千年前，靠狩猎获得食物是解决温饱的重要手段，在这种情况下，还能用"网开一面"的方式体现仁爱之心，确属不易。这种做法，体现了品行的高尚，君王和百姓都在享受爱心之快乐。

对"王用三驱"之乐进行深入分析，《易经》的用意不仅在于乐，还有更深刻的意义。君王与百姓同乐，一起开心，社会和谐，天下安定，国泰民安，这才是同乐之根本。

一个盲人在夜晚走路时，手里总提着一个明亮的灯笼，别人看了，很好奇地问他："你自己看不见，为什么要提着灯笼走路？"盲人微笑着说："我提着灯笼并不是给自己照路，而是为别人提供光明，帮助别人。同时，我手提着灯笼，别人也容易看到我，不会撞到我身上，这样也保护了我自己。"

善良的人是值得人们尊敬的，时刻想着别人的人同样值得尊敬。俗话说得好，善恶只在一念之间。善与恶的表现方式也是截然不同的。人与人之间是密切联系着的，也就是说，人群是一个大家庭、一个整体。假如你伤害别人，你心中的善便会被恶压倒，你自己也会被愧疚、后悔、惊恐折磨。相反，如果你始终保持一颗爱心，用善意对待他人，对方也会以此相投，在和谐的氛围中享受快乐，幸福感就油然而生。

对别人有爱，自己就能获得快乐，这种爱甚至可以获得生命的延续，这也许就是舍得之快乐。

《周易·兑卦·九二》说："孚兑，吉，悔亡。"《象》曰："孚兑之吉，信志也。"心中诚信与人和悦，故能得到吉祥，悔恨可以消失；心志诚信、笃实，能获得好的结果。

有一个人到沙漠中工作，但是他的指南针丢了，他在沙漠里已经认不清方向。他已经很久没有水喝了，口渴难耐，就在这时，他发现了一个废弃的房间，这个房间里有一台抽水机。他特别开心，但是发现抽水机是干的，抽

第十章 从"笑一笑,十年少"看乐天知命之道

九二

兑卦

水机旁边有一个桶,桶里面有一些水,桶旁边有一张纸条,写着:"你要把水倒进抽水机里面,才能够饮水,但不要忘记,在你离开的时候,把桶里面的水装满。"这时候,他把水桶的盖子拧开,内心十分纠结,因为他知道,只要能把桶里的水喝掉,他或许就不会渴死,就能够活着走出沙漠,但是如果按照纸条上的去做,万一抽水机坏了,抽不出来水,那么把水灌进去之后,他就失去了生存的唯一希望。他犹豫了很久,最终还是决定把这一桶水灌进了抽水机里。正当他怀疑的时候,抽水机里真的涌出了甘甜的清水。他喝完水后,又把那个桶灌满了水,并且留下了一张纸条:"相信我,真的有用,在获得之前,一定要学会付出。"

人们经过研究后发现,快乐是可以被传染的。快乐可以互相传染,和快乐的朋友在一起,自己也会变得快乐。我们自己的快乐可以影响到身边的人,他们从你的快乐中获得轻松和愉悦。自己的快乐是对别人的爱。

《周易·豫卦》曰:"由豫,大有得;勿疑,朋盍簪。"意思是说,人们由于他而得到欢乐愉快,大有所获;毋庸置疑,朋友们会像头发汇聚于簪子一样,积聚在他周围。

台湾的一位大学校长参加迎接新生的大会,按照惯例要讲话,他站起来,问了这样一个问题:"同学们,你们快乐吗?"

豫卦

"快乐！"下面的同学立即欢呼起来。

"好，好，我的话到此结束。"大家惊愕了半天，然后才恍然大悟，顿时掌声大作。这位颇风趣的校长其实是很了解学生心理的，也很了解人的心理。他认为人的根本目的是追求快乐，而如果大家都很快乐，自己就不必再扫别人的兴了，因此，这位校长的做法很高明。

快乐是一种什么样的心境呢？或者说，快乐到底是什么样子的呢？这个问题也许很难说清楚，但有一点必须肯定，快乐是很主观的，一个人的快乐别人是看不见的，只有通过他的行为举止才有所了解。一个人认为是快乐的事，另一个人却未必认为快乐。

国学大师南怀瑾先生说，《易经》曰："旁行而不流，乐天知命，故不忧。"旁行是什么？就是旁通，也是错综复杂的"错卦"。如乾卦是六个阳爻，如果第三爻即九三动了，变成阴爻，就成了天泽履卦。相当于大家坐在这里，只要其中任何一个人动了，都会影响每一个人相互间的关系，这就是旁通，也是旁行。宇宙中的万事万物，不可能永恒不变，有纵的关系，也有横的关系，但旁行不流，流是散的意思。它是有规律的，不会散开，能旁行不流，对人的生命规律非常清楚。

九三　乾卦　　六三　履卦

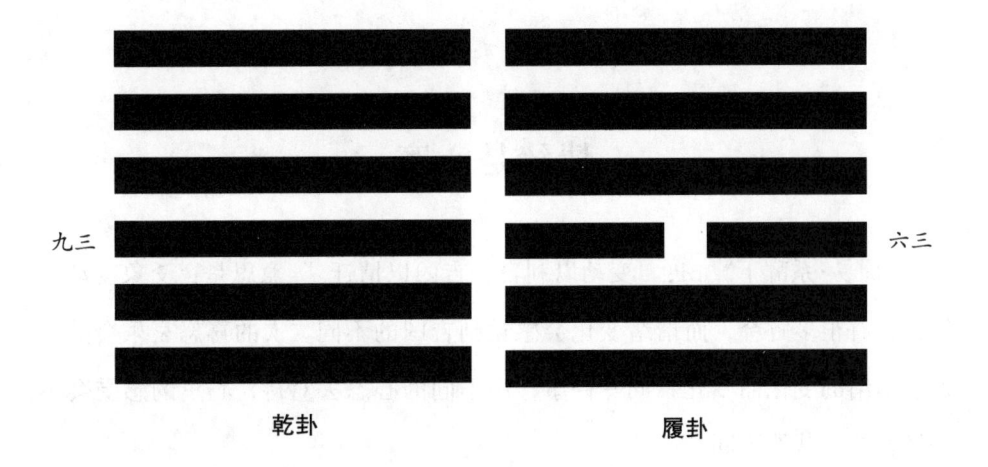

乐天知命，知道自己，也知道天命，永远是乐观的人生。

要众乐乐，不能独乐乐，独乐乐不如众乐乐。当大家都不高兴的时候，你一个人高兴，对你是没有好处的，你会引起大家的嫉妒，会招致大家的怨恨，这种无形的力量会对你造成很大的伤害。

要适当娱乐，不要过度。现代人都在追求感官的刺激，刺激了还要更刺激，刺激到最后，就变成麻木。以前，我们只要能够去听听京戏就很高兴，尽管当时吵吵闹闹的，听不太清楚，也看不太清楚，但我们还是很快乐。现代人要求越来越多，因为感官的刺激越来越强烈，最终弄得自己越来越麻木，一点兴趣都没有。所以，人到底是越来越幸福还是越来越不幸福，我们从这里去体会就知道了。

要懂得真正的快乐，不要傻乐。在这里，我们要对现代人特别提出一个警示：有些人不懂得什么叫快乐。这一点大家可以仔细去观察，现在很多人只会傻笑，不懂得什么叫快乐。比如，飞机上经常会播一些喜剧片，有些人就笑得很大声，这就是幼稚。这些人应该去想想：为什么人家没大声笑？人家可能也会欣赏，但是人家没有笑得那么大声，不会吵到其他人。人一定要追求快乐，不然会辛苦一辈子，过愁眉苦脸的人生是没有意思的。但是，我们对喜乐要善加节制，快乐要合乎道理，才不会自找麻烦、给自己制造祸害。否则，经常会乐极生悲。

情绪是心魔

《周易·系辞下》曰："变动以利言，吉凶以情迁。"意思是：爻象变动的结果会有很多解释，而情绪变化会感觉到吉凶的不同。人的喜怒哀乐会随心态、情绪的变化而变化，同一件事，用不同的心态去对待，心里的感受会不一样，甚至截然不同。

古时候，有个读书人第三次进京赶考，住进前两次考试时住过的店里。当天夜里，他连着做了两个梦，第一个梦是自己在墙上种高粱，第二个梦是天下大雨，他戴着斗笠，还打了把伞。第二天，读书人去找算命先生解梦。算命先生一听，开口道："你还是收拾收拾回家吧。你想想，墙上种高粱不是白费劲吗？戴斗笠还打雨伞不是多此一举吗？"读书人心灰意冷，回店收拾包袱，准备回家。店老板觉得奇怪，就问他："明天才考试，你怎么今天就回家啊？"读书人把解梦的事说了。店老板说："依我看，算命的解得不对，客官这次一定能够高中。你仔细想想，墙上种高粱不是高种（中）吗？戴斗笠、打雨伞不是稳上加稳吗？"读书人一听，觉得店老板的话更有道理，于是振奋精神参加了考试，结果中了个榜眼。

心态决定一个人的生命状态，从而决定一个人的命运。心态消极的人只看到"危"，心态积极的人则看到"机"。心态积极的人看到的总是希望，拥有更加广阔的天空；心态消极的人看到的总是危机，感到生活处处是阴影。

古时候，有个官吏的妻子，因为情绪郁结而生病，不吃不喝，整天叫骂，官吏请来很多医生治疗了半年，她服用了很多药物，都没有效果。后来，官吏请来当时的名医张子和。第一天，张子和找来两个老妇人，在病人面前涂脂抹粉，故意做出各种滑稽的样子，病人看了不禁大笑起来。第二天，张子和又让那两个老妇人做摔跤表演，扭来扭去，病人看了又大笑不止。以后几天，张子和让两个胃口好、饭量大的妇人在病人身边用饭，一边吃一边对饭菜的美味赞不绝口。病人看见她俩吃得津津有味，便要求尝一尝。慢慢地，病人开始正常进食，逐渐怒气平息，病就好了。

有的人把追求的目标定得太完美、太理想化，结果往往令人失望。适当降低期望值，带着一种积极的心态去看待事物，快乐就会随之而来，幸福感就会油然而生。

海滩上撒满了彩色的贝壳。一个小男孩已经寻找了一天，他一心想找到一枚最美、最稀罕的贝壳，当伙伴们拎着满满的竹篮回家时，只有他的篮子依然空空如也。回到家，爸爸对他说："明天你调整一下情绪，放松心情，享受沙滩海浪、蓝天白云的美景，那你就一定能捡到美丽的贝壳。"第二天，小男孩哼着歌，高高兴兴地出门了。他发现蓝天、大海是那么美，低头一看，沙滩上有数不尽的美丽海螺，他很快就将小篮子装满了。

也许你会说，这个男孩很执着，他追寻着心中最完美的事物。我却认为他是固执，甚至愚蠢。他所丢弃的贝壳中，难道就没有一枚是美丽的吗？他一心只想着寻找最完美的贝壳，殊不知就在他坚持不懈地寻找时，千万枚美丽的贝壳已从他的眼前悄悄溜走。他的"执着"换来的只是空空的篮子，以及疲惫不堪的身躯。

在遭遇不幸时，乐观的人往往能看到好的一面，并鼓励自己消除不良情绪的影响，取得事业的成功，这是生活中的大智慧。

高士其是我国著名的科普作家。他在外国留学时，有一次做实验，一个装有培养脑炎过滤性病毒的玻璃瓶子破裂了，病毒侵入了他的小脑，从此留下了身体致残的祸根。他忍受着病毒的折磨，学完了芝加哥大学细菌学的全部博士课程。回国以后，他拖着半瘫的身体，到延安工作。中华人民共和国成立后，他病情恶化，说话和行动都十分困难，连睁眼合眼都需要别人帮助。但他仍以惊人的吃苦精神进行创作，先后写成100多万字的作品。有人问他苦不苦，他笑着说："不苦！因为我天天都在斗争，斗争是有无穷乐趣的。"

对任何一个人来说，身体严重残疾都是一件十分不幸的事，但是，高士其能在苦中找乐，把对病魔的斗争当作是一种乐趣。

研究人员发现，快乐的人更容易获得事业上的成功，这很可能是因为快乐的人经常有积极的情绪，这种情绪能够激励他们主动工作，接受新的知识。当他们快乐的时候，会很自信、乐观、精力充沛，这时他们就更有亲和力。当然，在日常生活中、职场中，想在烦躁沉重的工作之中寻找快乐并不容易。但我们想一想，不管你开心与否，明天都会来临，不妨尝试想象每天都是新的工作，每天都有新的收获，换一个角度去发现快乐，也许快乐就伴随在你的身边。

知天之命，学会放弃。孔子说："不知命，无以为君子也。"不懂天命，就不能做君子。懂天命，就是明白世间万物的发展规律，不与天道硬碰硬。五十而知天命，人活半百，经历了该经历的，之后就会明白人生的道理。人生在世，不过两点：懂得珍惜，学会放弃。懂得珍惜，就是要知足，好好享受所拥有的，不能有过多的欲望；学会放弃，不是让你遇到困难就逃避，而是以一种智慧、轻松的方式去生活。

人知天命，不违背自然规律，不做违背良知之事，有福能够享，无福能够找，还有什么不知足的呢？

第十一章

从『真人不露相』看韬光养晦之道

所谓"真人不露相",就是真正有大本事的人从来不显摆,做到不显山不露水。

春秋战国时期,有一位富家公子温如春,幼时即好琴艺,长大了自然也能露那么几手。一次,他到山西去旅游,在一座寺庙前看到一个闭目打坐的道人,道人旁有一布袋,袋口些微露出古琴的角儿,温如春大奇:"这老道也会弹琴?"就上前大大咧咧地发问:"请问道长可会弹琴?""略知一二,正想拜师。"道人微睁双目,语气十分谦恭。"那就让我来弹弹吧。"温如春毫不客气地说。道人把琴拿出,温如春立即盘腿席地而弹,先是随随便便地弄了一首,道人微微一笑,不着一语。温如春便又使出生平所学弹了一首,道人仍默然。温如春恼火了,生气地说:"你怎么不吭声,是我弹得不好吗?""还可以吧,但不是我想拜的师傅。"这下,温如春可就沉不住气了:"哦,你倒是挺会弹的了,不如让我见识一下。"道人并不搭腔,只拿过琴来,轻抚几下,开始弹奏,其声如流水淙淙,又如晚风轻拂,温如春听得如痴如醉,连寺庙旁的大树上都停满了鸟儿。一曲终了许久,温如春方如梦初醒,立即向道人行起了大礼,拜请为师。

《周易·乾卦·初九》中说:"潜龙勿用。"《象》曰:"潜龙勿用,阳在下也。"意思是说,初九,潜躲的龙要积蓄力量,韬光养晦,等待机会。《象辞》说,潜躲的龙不可贸然采取行动,是由于初九阳爻处在下位。

乾卦

国学大师南怀瑾先生对"潜龙"有很精辟的论述：

这里爻辞"初九潜龙勿用"，这龙是怎么来的？我们先要了解，中国文化是龙的文化。自黄帝时候开始，政治制度上分官，以龙为官名，如"龙师""龙帝"都以龙为代表。龙是中国文化最伟大的标记，是我们几千年来的旗帜。中国文化对那些伟大、吉祥、令人崇拜的万象，每以龙为标记。我们中国人自己要认识清楚。我们龙的文化，第一，我们的龙是天人敬信，在宗教观念上代表上帝。第二，我们中国的龙，并没有人看见过。中国的龙，不只是三栖的，甚至不只是四栖，水里能游，陆上能走，空中能飞，龙的变化大时可充塞宇宙，小时如发丝一样看不见，有时变成人，有时变成仙。龙到底是什么？无法有固定的具体形象。实际上，中国文化的龙，就是八个字——"变化无常，隐现不测"。

龙从来没有被人见过全身，这就是"变化无常，隐现不测"的意思。我们懂了龙的精神，才知道自己文化的精神在哪里。另外，我们懂"变化无常，隐现不测"八个字，也就懂了《易经》的整个原理。《易经》告诉我们，天下的万事万物随时随地在变，没有不变的人，没有不变的事。

磨刀不误砍柴工

"磨刀不误砍柴工"，这句话是民间朴实的说法，它是"厚积薄发""蓄能聚力"等词语的最形象的表述。

在《周易·升卦》中有这样一句话："上六：冥升，利于不息之贞。"这句话的意思是：已经上升到昏暗的境地，就不要再上升了，要停下来整饬。上六属于阴爻，柔弱无力，又上升到极点，已经头昏目眩，摇摇欲坠，所以必须坚持正道才会有利。这一句话也告诉我们一个道理：升进必须有节制，要蓄能聚力，否则后继无力。

升卦 上六

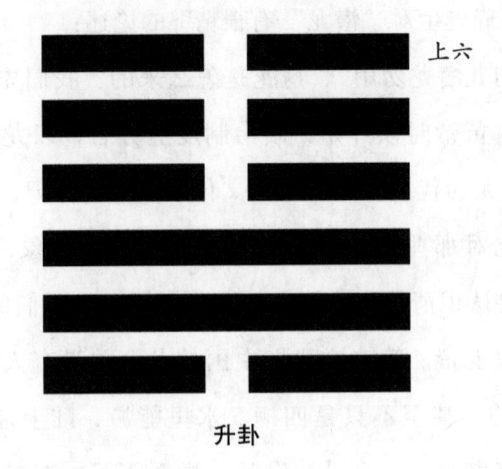

有一个工人在一间伐木厂找到了一份不错的工作。他决定认真做好这份工作，好好表现。上班第一天，老板给了他一把斧子，让他到人工种植林里去砍树，这个工人卖力地干了起来。一天时间，他不停地挥舞着斧子，一共砍倒了19棵大树。老板满意极了，夸他干得不错。工人听了很兴奋，决定工作要更加卖力，以感谢老板对他的赏识。

第二天，工人拼命工作，他的腿站久了又酸又疼，胳膊更是累得抬不起来了，可是这样拼命，并没有带来更好的结果。他觉得自己比第一天还要累，用的力还要大，可第二天只砍倒了16棵树。

工人想也许我还不够卖力，如果我的成绩一直下降，老板一定会以为我在偷懒，所以我要更加卖力才行。第三天，工人投入了双倍的热情去工作，直到把自己累得再也动不了为止。可是，让他失望的是，他只砍倒了12棵树。

工人是个很诚实的人，他觉得太惭愧了，拿着老板给的高薪，工作却越来越差劲。他主动去向老板道歉，说明了自己的工作情况，并检讨说："我真是太没用了，越卖力干得越少。"老板问他："你多久磨一次斧子？"工人一听，愣住了，他说："我把所有时间都花在砍树上了，哪里有时间去磨斧子啊？"

磨刀的行为，看似让工作停顿了，实际上是在潜心准备，蓄能聚力。一首偈语诗《插秧歌》说："手把青秧插满田，低头便见水中天；六根清净方为道，退步原来是向前。"插秧时是手把青秧倒着走，看似往后退，秧苗却是向前进。实践告诉我们，不是不做事，也不是只做事，而是要注意做事的方式和方法。

还有一句有相同含义的名句："工欲善其事，必先利其器。"它出自《论语》。孔子告诉子贡："工匠要想做好自己的工作，一定要先将工具准备到最佳状态。"这比喻要做好一件事，准备工作非常重要。这句话讲得文绉绉，很符合孔子的身份，但要让人们很快入心入脑，不如"磨刀不误砍柴工"一句使人更容易记住。

"潜龙勿用"也好，"磨刀不误砍柴工"也罢，中心意思就是动之前要先静，跃之前要先潜。这种思维经常出现在我们生活中，有时候我们会很自然地按这种思维去办事。例如，在影视剧中经常出现这样的情景：剧中人物争吵得很厉害或打斗得很激烈，难分胜负，这时有一个沉默寡言的人挺身而出，最终扭转乾坤，取得胜利。这就是"潜龙"的思维和行为。

中国历史上有一个名叫"韬光养晦"的著名的故事，主角就是诸葛亮。诸葛亮精通易学，自称"卧龙先生"，除了因其所躬耕处有一地叫卧龙岗的缘故外，还因其深谙"潜龙"之意，决心要做《易经》所述的潜龙。

诸葛亮并不想做一名真正的隐士，而是潜伏静观，以待天时。

《周易·乾卦·初九》中说："潜龙勿用。"《周易·乾卦·文言》曰："初九曰'潜龙勿用。'何谓也？子曰：'龙德而隐者也。不易乎世，不成乎名，遁世无闷，不见是而无闷。乐则行之，忧则违之，确乎其不可拔，潜龙也。'"这段话的意思是：潜龙不去行动，这是为什么呢？孔子说："龙是有德的，但需潜隐来聚力。不为世风所动，不为名利所累，避世而没有苦闷，不因言行得不到世人欣赏而烦恼。开心的事就去做，忧虑的事就回避，其高尚的品德是坚定不移的。"

诸葛先生就是要做这样的潜龙。他遁入名山大川、白云生处，潜心隐志，冷静思考。隐居隆中后，表面上，诸葛亮只做三件事：白天躬耕陇苗；晚上挑灯夜读；闲暇之余拜会名士，结交朋友。实际上，诸葛亮在思考拯衰复兴、济世救民之大业，为成为飞龙蓄积能量。

功夫不负有心人。刘备三次进出隆中，躬身恳请诸葛亮出山。从此，诸葛亮这条潜龙一飞冲天，在三国争雄的舞台上尽显其聪明才智。"诸葛亮"成为后世聪明睿智、才华出众的人的代名词。

大丈夫能屈能伸

《周易·系辞下》中说："尺蠖之屈，以求信也；龙蛇之蛰，以存身也。"尺蠖，是一种昆虫，能屈能伸。这句话直译就是，尺蠖将自己的身体尽量弯曲，是为了伸展前进；龙蛇冬眠，是为了保全性命。人们把《易经》这种观点概括为"大丈夫能屈能伸"，此句更直观、更易理解。

能屈能伸，先是要做到"屈"。屈的过程就是潜隐的过程，要当大丈夫，先要做潜龙。做好潜龙不容易，要饱尝艰难困苦，受尽从筋骨到心志的折磨。

战国初期，有两个天资聪颖的人——孙膑和庞涓，他们是同学，两人同在鬼谷子门下学习兵法。当时，魏惠王花了好些金钱招募天下豪杰。庞涓感到建功立业的机会来了，就去求见他，向他讲了些富国强兵的道理。魏惠王听了挺高兴，就任命庞涓为大将。

庞涓真有点本领，他天天操练兵马，先从附近几个小国下手，一连打了几次胜仗，后来连齐国也被他打败了。从那时候起，魏惠王更加信任庞涓。庞涓自以为是了不起的能人，可是他知道，他的同学——齐国人孙膑本领比他强。据说，孙膑是吴国大将孙武的后代，只有他知道祖传的《孙子兵法》。

魏惠王也听说过孙膑的名声，想招其于麾下。当他得知孙膑与庞涓是同学，便要庞涓去办此事。庞涓派人把孙膑请来，跟他一起在魏国共事。哪知道庞涓存心不良，见孙膑才华出众，恐超越自己，便背后在魏惠王面前诬陷孙膑私通齐国。

魏惠王十分恼怒，把孙膑治了罪，在孙膑的脸上刺了字，还取掉了他的两块膝盖骨，使他成了残废，并把他关起来，要他默写出《孙子兵法》。孙膑知道这是庞涓的阴谋后，便以装疯来寻找时机逃走。当仆人送饭上来时，他瞪着眼大叫："你为什么拿毒药来害我！"说完把饭菜都推翻在地上，又把写好的木片往火里扔，吵吵嚷嚷地骂个不停。

后来，禽滑厘知道了孙膑的遭遇，就跟齐国大臣田忌设计搭救了孙膑。庞涓并没在意，还以为孙膑已经掉进井里死了。他哪能想到，这时候孙膑早已安全地到了齐国，成了田忌的座上客，并最后在马陵之战中彻底战胜庞涓，替自己报了仇。

读完孙膑的故事，就会明白"大丈夫能屈能伸"是充满智慧的。"尺蠖之屈，以求信也"，人都变成虫了，还有什么不能隐忍？对手看你都像一条虫了，警惕性自然就消失了。这时候，潜龙从深渊中跃出，一飞冲天。

还有一种"屈"，就是要做到"忍"，但不是消极地避凶就吉，而是暂时收敛锋芒，表面上一声不吭，而骨子里不改初心，养精蓄锐，待机而动。前面讲到三国时期，刘备三顾茅庐躬身恳请诸葛亮出山，在这之前，刘备自己就做过潜龙，而且相当成功。

刘备在沛城被吕布打败后，失去了栖身之地，只好投身曹操麾下。后来，曹操移师许昌，也带着刘备，目的是要控制刘备。刘备既不甘居于人下，又怕曹操谋害自己，因此装出胸无大志的样子，还在住处后院开了一块地种菜，亲自浇灌。

一天，曹操请刘备小酌，煮酒论英雄。酒至半酣，曹操说："方今天下，英雄只有使君与我。"刘备以为曹操看出了自己的心思，心里一惊，手中的匙箸都掉在地上。正巧霹雳雷声，大雨骤至，刘备随机应变，说："圣人云'迅雷风烈必变'。一震之威，乃至于此。"曹操听后说："雷乃天地阴阳击搏之声，为何惊怕？"刘备接着道："我从小害怕雷声，一听见雷声只恨无处躲藏。"曹操听罢，一声冷笑，认为刘备是个无胆、无识、无用之人，从此放松了对刘备的戒备。刘备用韬光养晦之计，从曹操的猜忌中平安脱身，日后造就了三国鼎立之势。一个能成大事的人必须懂得韬光养晦的谋权之道，为达目的"忍辱负重，卧薪尝胆"。

另有一种"屈"，就是能做到"退"。《周易·乾卦·文言》曰："知进退存亡，而不失其正者，其唯圣人乎！"大意是，知道做官、隐退、生死、存亡道理，并且去践行这个道理，他们一定是品德高尚、近乎圣人的人。

《易经》中有一卦叫遁卦，这一个卦就是专门讲退避的，它阐明了在事物发展不利时要暂时退避的道理。《周易·遁卦·象》曰："君子以远小人，不恶而严。"君子应与小人保持一定的距离，以傲然不可侵犯的态度截然划清彼此的界限，这样一来，就会自然而然生出一种震慑小人的威严。

遁卦

1129 年，南宋将领苗傅、刘正彦及其党羽王均甫、马柔吉、王世修发动兵变，他们诬陷大臣王渊勾结宦官谋反，不仅王渊被杀，宫中的宦官也一概被杀，形势十分危急。

第十一章 从"真人不露相"看韬光养晦之道

朱胜非当时任职尚书右仆射兼御营使,面对这突如其来的大难,他愤恨之余,暗自镇定,想出了保护皇室的计策。他假装归顺叛军,对苗、刘二人言听计从,唯唯诺诺,从不多说一句。

宋高宗突闻兵变,吓得跑上城楼去安抚众人。苗、刘二人骂骂咧咧地让高宗退位,想让太后辅佐皇太子听政。一时之间,众人吵吵闹闹,一片混乱。

苗、刘二人见朱胜非不上前劝宋高宗,就责怪他道:"你身为重臣,又答应了要跟我们一同起事,怎么到了这时候,你反倒不吭一声呢?"

朱胜非故作神秘地说:"我想说的话,都被别人说尽了,我再说又有什么用?我故意不吭声,其实是想让皇帝误以为我是跟他一条心的,这样的话我就能顺势劝他退位了。"

苗、刘二人心里狐疑不定,于是就派朱胜非去劝高宗。

见了高宗之后,朱胜非颤声说道:"被贼人擒制,陛下您应该忍辱负重,以保龙体安康。若是陛下再跟他们理论,他们恐怕会一不做二不休,那陛下您的性命就危险了。以臣愚见,不如暂且答应他们的要求,先麻痹他们。等臣暗中派人调来援军之日,不仅是陛下复位之时,更是逆贼伏诛之期。"

高宗怒骂不止,不肯退位。太后也跟着着急,也劝高宗:"现在形势对我们不利,皇上你切勿急躁。我们的性命现在还在敌人手里捏着,若依照朱卿家之言,我们会有翻身之日的。"

苗、刘二人深信朱胜非的才能,问他说:"众臣怎么劝都没有用,怎么你一去皇上就同意退位了呢?你是怎么劝他的?"

朱胜非小心地说:"我并没有劝皇上,我只说了苗、刘二位大人的忠心和你们深受万民拥戴的气势,想必皇上心中有愧,所以就退位了吧。"

苗、刘二人对他的回答十分满意,从此把他当心腹看待。

一个月后,朝廷大军讨伐苗、刘。苗、刘二人被杀,高宗复位,叛乱终被平定。

木秀于林易被摧

《周易·坤卦·六三》中说："含章可贞。或从王事，无成有终。""含章"是指蕴含文采，是一种静态的谦逊，它是虚怀若谷、深藏不露的含蓄与深邃，又是一种动态的进取，它是蓄势待动、厚积薄发的隐忍与睿智。"龙岂池中物，乘雷欲上天"，这里写龙的隐忍与奋起，也是"含章"一静一动的生动写照，又隐隐与"木秀于林，风必摧之"相合，一正一反，发人深省。木秀于林，风是否摧之，不在于风的无情，也不在于大地的不挽留，而在于木本身，在于是否含了足够的"章"（文采），是否选择了一个适合自己"秀"的时机。

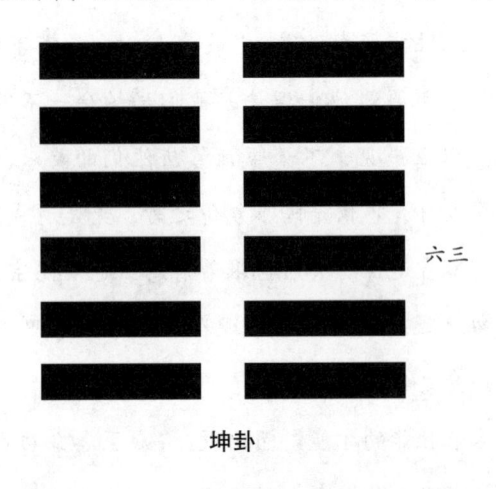

六三

坤卦

"木秀于林，风必摧之"出自三国魏人李康的《运命论》，也是"韬光养晦"理念的另一种表现方式。后人则用此理念，归纳出更直白易懂的说法"枪打出头鸟""人怕出名猪怕壮"。

是锋芒毕露，还是韬光养晦，为处世智慧的重要标准。前面我们说的"潜龙勿用"，是说潜隐的龙要积蓄能量，不能着急露头。而下面要讨论的问题，是潜龙变成跃龙，甚至是飞龙后能否避免"风摧之""枪打之"，这是性命攸关的事情。

第十一章 从"真人不露相"看韬光养晦之道

曾国藩曾说过:"久利之事勿为,众争之地勿往。物极则反,害将及矣。"对许多事都不可以太过追求完美,特别是不可以将"名"与"利"两字常挂在心上。

曾国藩从来不太注重名与利,这样才不容易被胜利冲昏头脑,以致做出某些不明智的行为。

在攻破天京之际,曾国藩手握着十万湘军。这支军队久经沙场,是一支从存亡中磨炼出来的精锐部队。毫不夸张地说,那时候清朝的运势有一大半是握在曾国藩手上的。

在曾国藩得势的那段时间,他的某些密友曾劝他废了清帝,独立为王。有朋友写信给他,信里有一首诗写道:"鼎之轻和重,似可问焉。"曾国藩将这句诗改成"鼎之轻和重,不能问焉",把信又寄了回去。只两个字的修改就可看出曾国藩的态度,他之所以这么做,是因为他了解物极必反的道理。这时的他不但位极人臣,军功赫赫,且手握着重兵,这时候确实会遭受君主的猜疑,一不小心就会落得身败名裂的结局。他深知要是赫赫有名到了完美,那么离衰落也就很近了,如贪念名与利,自己将深陷万劫不复之地。因而,他很明智地提出裁撤湘军,主动交出兵权。曾国藩的这种行为便是自我保护,因为他明白,如果不能用生命去享受,那名与利再多也都是枉然。这也是曾国藩精通易理的具体表现。

已到建功立业的顶峰,或到风光无限的高处,在这样的状态下,做事要更加谨慎,藏锋守拙,不去做"出头鸟",避免被枪打。

所谓"藏锋守拙"就是将锋芒隐藏起来,装出愚钝的样子,使别人不再把你当回事,而你在掩护下不断发展壮大,既避免了"风催之",又躲过了"枪打之"。在不声不响中,一切都在按照自己的意愿进展,这才是真智慧,这才叫大智若愚。

战国末期,秦国大将王翦奉命率全国主力部队出征。出发前,他向秦王请求赐给良田房屋。秦王说:"将军放心出征,何必担心呢?"

王翦说:"做大王的将军,有功最终也得不到封侯,所以趁大王赏赐我临时酒饭之际,我也斗胆请求赐给我田园,作为子孙后代的家业。"

秦王大笑,答应了王翦的要求。

王翦到了潼关,又派使者回朝请求良田。秦王爽快地应允,手下心腹劝告王翦。王翦支开左右,坦诚相告:"我并非贪婪之人,因秦王多疑,现在他把全国的部队交给我一人指挥,心中必有不安。所以我多求赏赐田产,名为子孙计,实为安秦王之心。这样他就不会疑我造反了。"

还有一个故事:

深山老林中有一位大师,常常坐在竹椅上,抬起头望向远方,不知是在看天,还是看远方的仙鹤,开口说道:"有个词叫'天妒英才',意思是说一个人过早地表现出过人才华,老天爷都会忍不住嫉妒,更何况是生存于天地间的蝇营狗苟。大师专注地看着远处的群山、摇曳的树木,说道:"木秀于林,风必摧之。"又说:"《易经》的明夷卦,它的卦象是离下坤上,即火在底下的表象,有光明被阻挡得的意思。其实,你也可以将它理解为自敛锋芒,外愚内精的卦义。"

明夷卦

大师讲的《易经》这一卦,是想告诉我们,人想要少受打击,还是得韬光养晦,真正聪明的人从来都不会在人前随便炫耀自己的本事。

就像老鹰站在山谷上的时候，我们总感觉它是在睡觉；而老虎走起路来也是软绵绵的，像是生病的状态。可事实是什么？这两种站在食物链顶端的动物，只是在迷惑猎物，让其放松警惕而已，这才是真正的狠角色！

其实，我们做人也应该如此，须懂得"藏拙"的重要性。就算你天赋异禀，有天大的本领，也要收敛一下锋芒。毕竟纵使齐天大圣孙悟空，一个跟斗能翻十万八千里，也被如来一个巴掌收了。所以，能做到韬光养晦、不露锋芒，人就会少吃些苦头。

第十二章

从『天道无亲，常与善人』看顺天应人之道

"天道无亲，常与善人"一句出自老子，这里的"善"就是符合天道，善人就是顺应天道的人，所以，天道总是与善良的人同在，使得善良的人做事如有神助，顺风顺水。

老子在这里是想告诉人们，"善"是符合大"道"的，善良的人因为自身的思想和言行均是符合"道"的，并且能够坚守自己心中的"道"，自然就会被大道青睐。所以，应顺应天道，多行善事，多结善缘，做个善良的人。

在这里，老子所谓的"善"，不是盲目地做善事或者自以为是的善行，而是要行符合大"道"的"善"。

《易经·革卦·彖》曰："天地革而四时成，汤武革命，顺乎天而应乎人，革之时义大矣哉！"

革卦

先圣在这里讲了一个商朝和周朝以武力推翻前朝的变革故事。先圣所提出的"顺天应人"揭示了一个社会发展的重大法则，这里的"天"就是自然规律、客观趋势，"顺天"就是遵循自然规律，"应人"就是顺应人民的意志。

天意不可违

《周易·系辞上》曰:"自天佑之,吉无不利。"这句话不是说有了老天爷的保佑就可以万事大吉了,而是说要按照自然规律去做人做事,不违天意,老天爷才会保佑你。

乾

震

无妄卦

《周易·无妄卦·象》中说:"天下雷行,物与,无妄。先王以茂,对时育万物。"本卦上卦为乾为天,下卦为震为雷,天宇之下,春雷滚动,万物萌发,滋生繁衍,这是无妄的卦象。即便是君王,观此卦象,也要奋勉努力,敬畏天意,顺应时令,保育万物。

梅里雪山位于滇、川、藏的接合部,在藏区被称为"卡瓦格博雪山"。藏民对藏传佛教八大神山之首的梅里雪山心存敬畏,认为神山只能看,不能攀。当地的藏民为它命名,赋予它神性。1990年底,中日联合登山队计划登顶,神山连日突降暴雪。1991年1月3日,梅里雪山大雪崩,致使主力队员全军覆没,造成中国登山史上最大的山难。梅里雪山终年云雾缭绕,能够瞻仰梅里雪山全貌是运气,更是缘分,有时苦等数十天也难得一见。在十七勇士纪念碑揭碑仪式当天,漫天鹅毛大雪,天空阴霾,无法看到卡瓦格博峰,这让家属团更加悲痛欲绝。长眠神山的中国登山运动员王建华的妻子翁彩琼对着云中的雪山大声呼喊:"王建华,我看你来了!"其他家属也跟着呼喊自己亲人的名字。奇迹突然发生了,云雾散开,卡瓦格博峰露了出来,在太阳下金光灿灿,所有亲属激动得大哭。十多分钟后,云雾重新合拢,让在场的人无不惊异。"我们是普通人,也是唯物论者,但那天突然迸发的美丽让我震惊,更让我感动。"

1997年国家颁布法令,鉴于梅里雪山在藏民心中的地位,禁止攀登。

以前常听到一句话:"人定胜天。"这是不对的。人和天之间不应该是对立、竞争的关系,而应该是相互依存、相互促进的关系,最终实现天人合一。过去,人们认为人定胜天时,大自然就遭到了严重破坏,现在它开始惩罚我们了。人不可逆天,不要跟自然规律作对,不然,最终受害的是人类自己。

"天要下雨,娘要嫁人",这是人们熟知的谚语,比喻事物发展有其客观规律,不以人的意志为转移,形容虽不情愿却无法阻挡的事情。"天要下雨"为何要扯上"娘要嫁人"呢?这两句之间的关系,真是令人百思不得其解,其实这句谚语来源于一个民间故事。

传说古时候,有个名叫朱耀宗的书生,天资聪慧、满腹经纶,进京赶考高中状元。皇上殿试见他不仅才华横溢,而且长得一表人才,便将他招为驸马。"春风得意马蹄疾",循惯例朱耀宗一身锦绣新贵还乡。临行前,朱耀宗奏明皇上,提起他的母亲如何含辛茹苦,如何将他从小培养成人,母子俩如何相依为命,请求皇上为他多年守寡、一直不嫁的母亲树立贞节牌坊。皇上闻言甚喜,心中更加喜爱此乘龙快婿,准允所奏。

朱耀宗喜滋滋地日夜兼程,回家拜见母亲。当朱耀宗向母亲诉说了树立贞节牌坊一事后,原本欢天喜地的朱母一下子惊呆了,脸上露出不安的神色,欲言又止,似有难言之隐。

朱耀宗大感不解,惊愕地问:"娘,您老哪儿不舒服?"

"心口痛着呢。"

"怎么说痛就痛起来了?"

"儿呀。"朱母大放悲声,"你不知道做寡妇的痛苦,长夜秉烛,垂泪天明,好不容易将你熬出了头!娘现在想着有个伴儿安度后半生,有件事我如今告诉你,娘要改嫁,这贞节牌坊我是无论如何不能接受的。"

朱母要嫁的是朱耀宗的私塾老师张文举。殊不料,这桩姻缘却要被蒙在鼓里的朱耀宗无意中搅黄了,出现了这样尴尬的局面。

解铃还须系铃人。正值左右为难之际,朱母不由长叹一声:"那就听天由命吧。"她说着随手解下身上一件罗裙,告诉朱耀宗说:"今天你替我把裙子洗干净,晾一天一夜,如果裙子晒干,我便答应不改嫁;如果裙子不干,天意如此,你也就不用再阻拦了。"

这一天晴空朗日,朱耀宗心想这事并不难做,便点头同意。谁知当夜阴云密布,天明时下起暴雨,裙子始终是湿漉漉的,朱耀宗心中叫苦不迭,知是天意。

朱母则认认真真地对儿子说:"孩子,天要下雨,娘要嫁人,天意不可违!"

事已至此,多说无益。朱耀宗只得将母亲和恩师的婚事如实报告皇上,请皇上治罪。皇上连连称奇,降道御旨:"不知者不怪罪,天作之合,由她去吧。"

从此,人们便把"天要下雨,娘要嫁人"这句话,用来形容天意如此,谁也逆转不了的事情。

冬至大过年

冬至,不仅是一个节气,还是数千年中华民族的先人们对自然规律的一个总结，是对天地运行规律的重大发现。既然发现了天地运行的规律，那么，人如何去适应，如何去发挥作用，就变得尤为重要。"冬至大过年"，就是人们遵循规律，敬畏天道的体现。

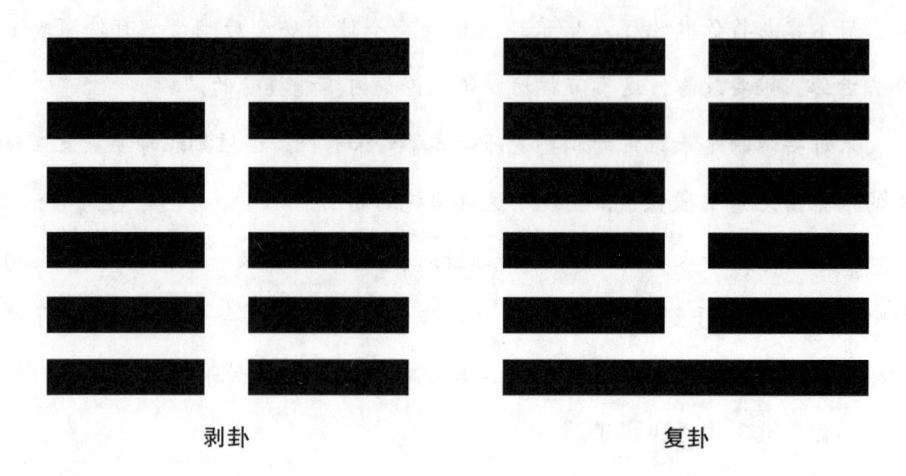

剥卦　　　　　　　　　复卦

在中国很多地方都有把冬至当作大节来过的习俗，在有的地方更有"冬至大过年"的说法。为何要大张旗鼓地"过冬"？为何冬至还能大过年？这里面的原因还真不简单。

《序卦传》说："物不可以终尽，剥穷上反下，故受之以复。"剥卦走到极点，阳爻又回到底下重新开始，所以说"一阳复始"。复卦为剥卦的覆卦，称作"由剥而复"，或是"剥极而复"，大地重现生机，所以亨通。

《易经》告诉人们，"冬至"到"大寒"的一个月是地球一年的"复卦"，是地球公转一年的开端，"一阳复始""冬至阳生春到来"！

《易经》是研究宇宙万物发生、发展、变化的一部智慧经典。先民发明了"农历"（也叫"阴历"）的历法，准确、科学地反映地球时令节气的自然规律。《易经》中的许多卦象都与这种历法有密切的联系，其中"复卦"便是其中之一。"复卦"与"农历"的一年开端——"冬至到大寒"的一个月完全吻合，充分表明了中华民族祖先的智慧。

冬至这一天白天最短，夜晚最长，是一年中的阴到达极点，不能再走下去了，故而发生阴的转化，从阴开始向阳转变，一缕阳气升起，故曰"一阳复始"。冬至是最早确立的节气，古人由此划分四季，建立天文历法的坐标，并把冬至作为一年的开始，其月份成为"子月"，"子"是十二地支的首位。在周朝时期，曾以冬至为岁首，把冬至作为新的一年的开始，故有"冬至大过年"一说。

"冬至大过年"的"大"，就是强调"一阳复始"的意义重大。

"一阳复始"寓意万物生发，对这种状态，在《易经》中是相当重视的。在十二消息卦中，从复卦"一阳复始"到乾卦阳气至极，这些卦成为"息卦"，息就是生长之意，就是生生不息。《易经》不仅体现对阳气的重视，还体现对初始阶段的重视。最有代表性的就是屯卦和蒙卦，它们互为综卦，将卦反过来，即"屯"变"蒙"，或"蒙"变"屯"。

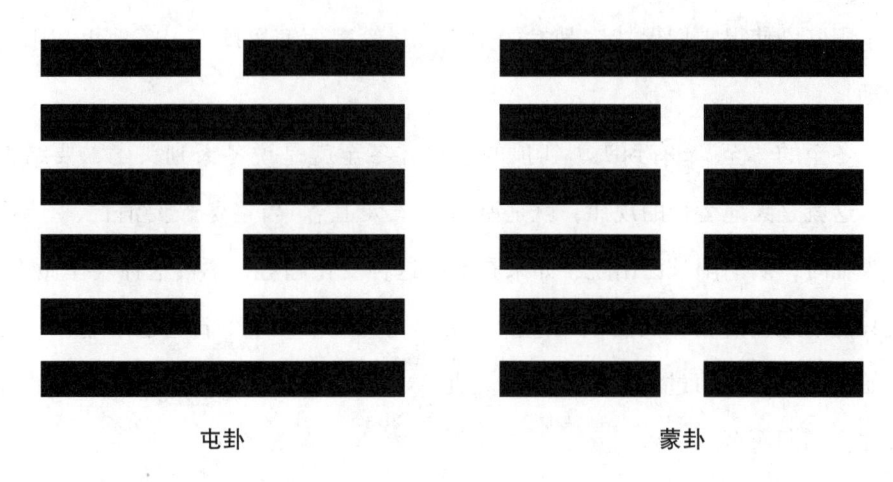

屯卦　　　　　　　蒙卦

屯卦的"屯"，是艰难、困顿之意，而在《易经》中屯卦代表"物之始生也"。茅之初，将会遇到很多艰难险阻，但充满无限生机，包含生命力，这就是希望所在。

蒙卦的"蒙"是蒙昧、幼稚的意思，也有启蒙、教育的含义。它形容的是一个人在幼稚蒙昧阶段的状态所要应对的措施，体现的也是一个人生命的初级阶段。对这样一个处于上升时期、朝气蓬勃的生命，要满怀敬畏之心，努力去"志应也"，从而"蒙以养正"，达到"圣功也"。

前面我们分析了"冬至大过年"的原因之一，就是"大"在从冬至起万物初生、一阳复始，这叫"初始见大"。说到这里，诸位可能会有点疑惑，前面反复讲冬至开始"一阳生"，从此阳气上升，而实际感觉是冬至过后越来越冷。自古以来，人们就有"数九"的习俗。从冬至之日起，就进入了数九寒天，预示要经过九九八十一个冬日。在民间还广泛流传《数九歌》："一九二九不出手；三九四九冰上走，五九六九看杨柳，七九河开，八九雁来，九九加一九，耕牛遍地走。"

你看看，明明是最冷的时候，偏偏说成是阳气初生，有没有搞错？还真没搞错。冬至的一阳复始，隐藏得很深，暗中孕育着阳气上升。这是古人经过观天象、察地情，总结出的一个亘古不变的客观规律。这就是为什么冬至晒的腊鱼腊肉特别香，为什么冬至酿的酒特别醇，那就是在阴盛时给它们注入了阳气，使得它们保持着勃发的生机。尽管表面寒风肆虐，暗地里却阳气涌动。

冬至的"至"，有到头、到顶的意思，冬至就是说冬天到头了，要结束了。这就是天地运行的规律，就是所谓的"天道"。当"冬"要消亡、"春"要来临时，阴消阳长已出现，如果看不到这种变化趋势，不按这种规律做事，就只能永远生活在冬天的阴暗里。其实，九九八十一个冬日，也暗喻在一元复始、阳气上升的过程中，要经历九九八十一难，万物复苏、阳光明媚的春天才会如期而至。

对冬至这样一个重要的节气，中国人自然不会忽视。除了精神上的重视，物质上也必须好好享受一番，吃就成了享受的首选。北方有吃饺子的习俗，家家户户都包饺子。据说，最早饺子叫"冻耳朵"。相传，南阳医圣张仲景在大雪纷飞的冬天，看见乡亲们衣不遮体，有不少人的耳朵都被冻烂了，心里非常难过，就叫其弟子在南阳关东搭起医棚，将羊肉、辣椒和一些驱寒的药材放在锅里煮熟，捞出来剁碎，用面皮包成像耳朵的样子，再放入锅里煮熟，做成一种叫"驱寒娇耳汤"的食物施舍给老百姓吃。乡亲们服食后，耳朵都好了。后来，每逢冬至，人们便模仿做着吃，形成捏"冻耳朵"的习俗。以后人们称"冻耳朵"为"饺子"。

在南方,冬至吃汤圆颇为盛行。汤圆是一种用糯米粉制成的球状甜品,意味着"团圆""圆满"。古人有诗云:"家家捣米做汤圆,知是明朝冬至天。"南方还有的地方流行吃馄饨。

当然,调侃归调侃,也不纯粹为了吃。冬至时吃什么?怎样吃?实有讲究。冬至除了气候上的变化,还是人体在养生上阴阳气血很重要的转变点。因为冬至为整个阴阳气转变最重要的时间点,在这一天所做的努力,来年必见成效。也就是说,如果冬至的调养是正确的,将有助于未来一年内的身体健康。

中医对冬至阴阳更替的观象也极为重视,讲究保护初生的阳气,认为冬至前后是进补的重要时期,以至于在民间流传着"冬至进补,春天打虎"的俗语。

大道法自然

道法自然,即道效法或遵循自然,也就是说,万事万物的运行法则都是遵守自然规律的。最能表达"道"的词是"自然规律"。同样,我们可以反过来说,与自然规律最相近的字是"道",这就是人道、地道、天道。《道德经》曰:"人法地,地法天,天法道,道法自然。"大道最终都要归于自然。

人们在判断瓜果是否成熟时,要看瓜蒂掉没掉。瓜熟则蒂落,如果未到成熟期,瓜蒂未掉,强行摘下,那肯定不好吃。强扭的瓜不甜,因为违背自然规律,这是对"时"的描述。还有一种说法,叫"有位才有为",是强调"位"的重要性。如果捧着一个金碗去乞讨,这个位置便不对,这就是"位"不对。

时位恰当,就是得其时、得其位,一切都没有问题。相反地,如果不得其时、不得其位，那就一定不行。老子对孔子说："君子乘时则驾，不得其时，则蓬累以行。"机会给你了，你就可以作为一番，时间不属于你，就规规矩矩，少吹牛。孟子也说"穷则独善其身，达则兼济天下"，这也是时位的问题，时位不属于你的，就在那里不要动了；时位属于你的，就去行事。这就是我们经常讲的"时位观"。从某种意义来说，《易经》就是一部讲"时"与"位"的书，这就是《易经》的道。

《易经》中的"时"，大致可分为两种类型。一类是对自然界中时间流转、四季变化的描述。《周易·观卦·象》中说："观天地之神道，而四时不忒。"《周易·系辞上》中说："变通莫大乎四时"等。另一类则是对人事活动的概括，如"君子藏器于身，待时而动，何不利之有""损刚益柔有时，损益盈虚，与时偕行"等。

观卦

《易经》中的"位"，也有两层含义：一是"爻位"之"位"；二是与"时"相对应的"人之所立"之位。"爻位"之"位"，有"初、二、三、四、五、上"之分；"人之所立"之"位"则多与社会地位相关，如"君子进德修业，……是故，居上位而不骄，在下位而不忧"。两者与物理中表示空间的"位"不同，与点、线、面、体的关系无关。因此，不能作"空间"理解。

三国时期，周瑜是孙氏旗下的骨干人物，诸葛亮为刘氏阵营的军师，两人各事其主。按常理来说,这两个人应该各不相干,但因为三国鼎立,周瑜与诸葛亮形成了对立的关系。周瑜天资聪颖,而诸葛亮亦上知天文、下知地理,两人的才智有得一拼。为了各自"老板"的利益,两人长期斗智斗勇、各施奇谋,一时间,江湖上刀光剑影、龙争虎斗,好不热闹,最终诸葛亮胜出。周瑜又气又恨,又恼又羞,临死前叹了口气说:"既生瑜,何生亮!"这句话可能并非源自真实的历史,它可能出自小说,但这是一句非常经典的台词,以至流传至今。

"既生瑜,何生亮"揭示了一个深刻的道理,就是"时也,命也"。这是孔子读《易经》后得出的体会。这里的"时",指的是时机、时势。"瑜"与"亮"是两个聪明绝顶的人,又是两个势不两立的人,他们出现在同一个历史时期,一山不容二虎,能不感叹命运的捉弄吗?

南怀瑾先生对"时"与"位"的关系,有很深刻、很透彻的论述:《易经》告诉我们两个重点,科学也好,哲学也好,人事也好,做任何事都要注意两件事情,就是"时"与"位"、时间与空间,我们说了半天《易经》,都是在说明"时"与"位"这两个问题。很好的东西,很了不起的人才,如果不逢其时,一切都没有用。同样道理,一件东西,很坏的也好,很好的也好,如果适得其时,看起来是一件很坏的东西,也会有它很大的价值。

如一枚生了锈又弯曲了的铁钉,我们把它夹直,储放在一边,有一天当台风过境半枚铁钉都没有的时候,这枚坏铁钉就会发生大作用,因为它得其"时"。还有就是得其"位",如某件东西很名贵,可是放错地方便毫无用处。假使把一个美玉花瓶放在厕所里,这个位置便不对。所以时位很重要,时位恰当,就是得其时、得其位,一切都没有问题。相反地,如果不得其时、不得其位,那一定不行。

有个叫支道林的人,人称"支公"。他特别喜欢养鹤,他住在浙江东部的剡山时,有人送过他一对小鹤。他非常喜欢这对小鹤,就像抚养孩子一样精心养育着它们。过了一段时间,小鹤渐渐长大了,时不时就挥舞翅膀想起飞。

支公舍不得它们，于是剪断了它们的羽毛。小鹤每次想飞都飞不起来，就变得越来越沮丧，不再开心地给支公跳舞，跟支公的关系也不像过去那么亲密了。这时，支公才动了恻隐之心，觉得自己太不应该了。仙鹤的天性是翱翔在九天之上，自己不该把它们束缚在自己身边，让它们做自己的宠物。此后，他就着意保护小鹤的羽毛，等它们的羽毛重新长好之后，就把它们放了。小鹤得到自由之后非常开心，一直在支公的住所上空盘旋，似乎在感恩支公。

民间有一句俗语，叫"上山兔子下山鸡，离水甲鱼莫去追"，指的是在看到兔子往山上跑的时候，就不要去追它了，原因是追也追不到，只是徒劳。在以前冬季的时候，很多农民都会在下雪后去山里打野兔子。当时的方法也简单，就是把兔子从山上往山下赶，很快就能追到兔子。但是从山下往山上追兔子，只会把自己累得够呛。这是因为兔子的前腿短，后腿长，这样就擅长爬坡。它们的后腿非常有力，兔子一蹦一蹦地，几下子就不见了，人去追往山上跑的兔子，那追到可能性很小，就算是猎狗也未必追得到。

"下山的野鸡"指的是往山下飞的野鸡，遇到了也不要想着去追到它。野鸡虽然是鸡，但是会飞，它们的警惕性很高，人还没靠近，它们就提前发现并飞走了，然后躲在草丛里藏起来。尤其是往山下飞的野鸡，更会借助下坡的优势，扑闪着翅膀飞走。人往山下跑着去追野鸡，可能只看着前方，却忽视了脚下，很容易因摔倒而受伤，这样就得不偿失了。另有说法是，到山下来觅食的野鸡不要去追。因为以前村庄都是在山脚下，而野鸡一般不会靠近人群，除非是在没有食物可吃的时候才会冒险。这样的野鸡本来就食物短缺，是迫不得已才下山觅食的，我们遇到就不要赶尽杀绝了。

"离水甲鱼莫去追"，说的是，离开水面往岸上爬的甲鱼，看到了不要去抓。甲鱼是水陆两栖动物，大部分时间都躲在水沟里，而如果甲鱼离开水往岸上爬去，就只有一种可能——这只甲鱼要开始产卵繁殖后代了。甲鱼在民间一直被认为是比较有灵性的动物，既然它们要繁殖后代，就更不要去抓来食用了。老话常说："劝君莫食三月鲫，万千鱼仔在腹中；劝君莫打三春鸟，子在巢中待母归。"老祖宗这话就是提醒我们要有好生之德,用今天的话来说,就要是尊重生命,爱护动物。

古人所总结的这些俗语,不仅是他们的经验之谈,也告诉我们一个道理:做事情要有自知之明,不能自不量力。像看到上山的兔子、下山的野鸡,明知抓不到还要勉强为之,就只会给自己带来麻烦。同时,这些俗语也告诫我们要懂得取舍,有舍才有得。比如离水的甲鱼是为了繁殖后代,现在不抓它们,以后才能有甲鱼可抓。如果现在把繁殖的甲鱼抓走,就会导致大量甲鱼减少,背后的道理是:我们不能只顾眼前利益,要遵循"时"与"位"的规律,否则将会受到自然界的惩罚。

自古以来,圣人们遵循客观规律,顺其自然,对发生的事情努力对待、适应,坦然待之,不为自己主观意识所左右。

庄子与他的妻子相亲相爱,感情十分融洽,当他们进入人生暮年的时候,他的妻子身患重病,先于庄子离开。庄子非常难过,庄子的朋友惠子也非常痛心,急忙赶到了庄子的家里。他一方面是来吊丧,另一方面是想安慰庄子,怕庄子因为失去老伴而伤心过度。可是,当惠子来到庄子家的时候,却看见庄子坐在地上,敲着盆唱着歌。

庄子看到惠子来了,也不起来,惠子见庄子这个状态,不由得生气起来,就说:"你和妻子感情那么深厚,她陪伴了你一辈子,她离开了你不但不哭,反而敲着盆唱歌,成何体统?"

庄子这时把头抬起来,说:"我做得并不过分,当我妻子离开的时候,我最初也难过,放声大哭,可是转念一想,她的生命和大自然的规律是一样的,大自然有一年四季的变化兴衰,而人也有生离死别的轮回循环。活着的时候是存在于大自然,离开的时候就是回归了大自然。"

惠子听了庄子说的这些话之后,若有所思地点点头,感觉庄子说得非常有道理,怒气也消了许多。庄子认为,他的妻子无论是生是死,都是符合大自然规律的。庄子这一做法虽然有些异于寻常,但从另一个角度来看,也是遵从大自然的一种智慧。

中国历代许多帝王为了体现顺天应人的思想，从《周易》中找出一个或两个字作为自己的年号，以彰显自己"受命于天"的使命，宣示其治国理念，还把国泰民安、江山永固等愿望寄托在年号上。

太远的朝代不去说了，先来看看唐代取自《周易》的年号。唐高宗李治用过的"咸亨"，语出《周易·坤卦·彖传》："含弘光大，品物咸亨。"唐睿宗李旦用过的"文明"，语出《周易·乾卦·文言》："见龙在田，天下文明。"唐睿宗用过的"太极"，语出《周易·系辞上》："是故易有太极，是生两仪。"唐玄宗用过的"先天"，语出《周易·乾卦·文言》："夫大人者……先天而天弗违，后天而奉天时。"另外，唐肃宗李亨用过的"乾元"，唐代宗李豫用过的"永泰"，唐德宗李适用过的"贞元"，唐顺宗李诵用过的"永贞"，唐文宗李昂用过的"太和""开成"，唐宣宗李忱用过的"大中"，唐懿宗李漼用过的"咸通"，唐昭宗李晔用过的"乾宁""天祐"等，均出自《周易》。可以说，唐代几乎每任帝王的年号都与《周易》有关。

明清两代，一帝一号源自《周易》的也不少，明代与《周易》有关的年号有"景泰"和"泰昌"。清代的年号则多出自《周易》，如努尔哈赤的年号"天命"，出自《周易·无妄卦·彖》："大亨以正，天之命也。"皇太极的年号"崇德"，出自《周易·随卦·象传》："雷出地奋，先王以作乐崇德。"还有"乾隆""嘉庆""道光"等，均出自《周易》。

中国人在日常生活中常说"拿东西""买东西"，没有人说"拿南北""买南北"，这是因为在《易经》后天八卦中，东和西对应五行的木和金，南和北对应五行的火和水。木和金是可以放在篮子里的，换句话说，就是可以拿的，而水和火就不可以。这也是一种顺天应人的思维。

第十二章

从『神机妙算』看合理预测之道

《易经》具有占筮功能。最早古人用它来预测未来、决策国家大事、剖析社会现象，即所谓"上测天，下测地，中测人事"。实际上，《易经》也是一部哲学之书，充满辩证法，贯穿二元论。长期以来，由于各种因素的影响，人们往往对《易经》缺乏正确认识，一谈到《易经》，人们往往联想到算命与风水，有的人甚至将这门文化迷信化、妖魔化。事实上，《易经》是一门洁净精微的学问，具有很强的哲学性和科学性，是一门融合自然科学和社会科学的学科。因此，我们在全面研究《易经》时，只讲解经文而不谈占筮是不行的。对《易经》的占卜预测功能，只能面对，不能回避。中国社会科学院已招收"《易经》与预测学"研究方向的博士研究生，这是对《易经》预测功能的肯定，对其进行系统研究，归纳它的特点，发现它的规律，从而揭示它的现实指导意义。

《易经》的八个卦代表了自然界的八种事物，随着社会的发展，事物变得复杂了，八个卦不够用了，就演变为六十四卦。所谓占筮，就是将你得到的卦与八卦或六十四卦描绘的事物对应起来，从而判断事物的发展方向。从《易经》可以看出，所有卦只是给你指出一个发展的变化方向，或者说是事物变化的可能性，《易经》从来不会把事物绝对化。

万变不离其宗

《易经》的预测功能源于对自然规律的掌握。《易经》认为，自然界的事物和现象是有阴阳属性的，万物皆阴阳。而《易经》的预测功能，实际上是对阴阳理论的掌握与运用。

《周易·系辞上》曰："是故易有太极，是生两仪，两仪生四象，四象生八卦，八卦定吉凶，吉凶生大业。"其大意是：易认为宇宙是一个整体，为太极，斗转星移，太阳与地球一年转动变化，产生昼夜交替的阴和阳。与此同

第十三章 从"神机妙算"看合理预测之道

时,公转运动产生春、夏、秋、冬的四季变化,在四季时空变化中,用八个卦象来代表八个关键的节气。在远古"靠天吃饭"的时代,掌握了"四时八节"的变化规律,知道春天播种、夏天耕耘、秋天收割、冬天收藏的人便成了部落首领。从这个意义上说,伏羲、神农、舜尧、禹王、文王等都是预测大师,他们是在掌握了自然规律的前提下预测时空的未来,是科学的。所以就有了"八卦定吉凶、吉凶生大业"。

通过深入分析,我们会发现,贯穿《易经》始终的忧患意识就是一种预测思维。六十四卦中有许多卦直接描述祸福、吉凶,还有一些卦多危辞,提醒人们要正确面对即将到来的凶与祸。

范蠡侍奉越王勾践,辛勤劳苦,尽心尽力,为勾践深谋远虑二十多年,最终灭了吴国,洗刷了会稽耻辱,率兵向北渡过淮水,兵临齐国、晋国,号令中原各国,勾践因此而称霸,范蠡号称上将军。

返回越国后,范蠡认为,盛名之下,难以长居久安,而且勾践的为人是可以跟他同患难,很难跟他同安乐,于是写信告别勾践说:"我听说君主有忧,臣子就应劳苦分忧,君主受辱,臣子就应死难。从前君王在会稽山遭受耻辱,我之所以不死,是为了复仇的大业。现在已经洗刷了耻辱,请惩罚我在会稽山使君王受辱,判我死罪。"

勾践说:"我将和你分享并拥有越国。要不然,我就要惩罚你。"

范蠡说:"君王根据法令行事,臣子依从志趣行事。"就带上珍宝珠玉,私自和家仆随从乘船漂海而去,最终也没有返回越国。

范蠡泛海来到齐国,改名换姓,在海边耕作,辛勤劳苦,努力生产,父子治理产业,住了没多久就积累了大量财产。齐国人听说他很贤能,就请他做丞相。

范蠡慨叹道:"做平民百姓就积聚千金,当官就达到卿相的地位,这是平民百姓所能达到的顶点了。长久地享受尊名,不吉祥。"于是,他归还相印,散发所有家财给朋友和乡亲,携带贵重的珍宝悄悄离去,到陶地定居。

范蠡离开越国后，在齐国给大夫文仲送去书信说："飞鸟尽，良弓藏；狡兔死，走狗烹。越王的长相脖子很长，嘴尖得像鸟喙一样，可以跟他共患难，但不可以共欢乐。你为什么不离去呢？"文仲看完信后，不以为然，不相信世上会有这么冷血的人，但他不久就相信了，可惜已经迟了。勾践亲自送一把剑（吴国宰相伍子胥自杀的那把剑）给文仲，质问他说："你有七个灭人国家的方法，我只用了三个就把吴国灭掉，还剩下四个方法，你准备用来对付谁？"文仲除了自杀，别无选择。

范蠡从小就接触《易经》，有圣人之资，是天纵之才，对这种可以称得上是帝王之学的学问，范蠡一见便心领神会，一学就会，一会就精。范蠡运用《易经》原理，预测到了自己的未来，及时采取应对措施，得以善终。他还准确地预测到了文仲的命运，文仲却未听劝告，最终家破身亡。

所谓"万变不离其宗"，通过上述分析，这个"宗"就是自然规律，就是万事万物在自然界中运行的基本法则。头脑中有这个"宗"，对事物的预测就有一条主线，贯穿于这条主线的预测结果也就会八九不离十。

还有一种预测方法，姑且叫"不变应万变"。结果不管怎样，预测永远是正确的。

元朝时有一个道士，自称"神机妙算"。一天，三个读书人结伴去京城赶考，临行前去找道士，算一算能否考中。

只见道士掐指一算后，伸出一根指头。

三人好奇地问："这是什么意思？"

道士说："此乃天机，不可道破，到时就知道了。"

三人走后，道士的徒弟忍不住问："师父，刚才那三人，究竟谁能考中呢？"

道士说："此中奥妙，不要轻易告诉外人。一根指头，如果一个中，那就对了；两个中，表示一个不中，也对；三个中，就是一齐中；三个都落榜，表示一个也不中。不管哪一种结果，答案不是都显示在这里面了吗？"

其实,这种预测方法也有一个"宗",那就是任何一种结果都离不开"一",这就是不变的概念。

尽信卦,不如无卦。《易经》的真正用途,是教大家通过认知自然的规律,把天、地、人三者协调起来,发挥人的最大潜能。这就是《易经》存在于世的理由。

《史记·齐太公世家》说:"武王将伐纣,卜,龟兆不吉,风雨暴至,群公尽惧。惟太公强之劝武王,武王于是遂行。"周武王和姜太公攻打殷商时,占卜的结果是"出师不利",而且当时大风骤雨吹断了出师的军旗,这一切都是不好的征兆。周武王犹豫,而姜太公不迷信占卜坚持要征战。姜太公的观点是:"智者不法,愚者拘之。"就是说,聪明的人不会生搬硬套所谓的规则,只有愚昧的人才会拘泥于陈规旧律。最后,姜太公赢了。周武王打败纣王,灭商建周。这说明,尽信卦,不如无卦。

古人说,有疑则卜,无疑不卜。对智者而言,应该做什么,什么时候做,用什么方法做,出来状况如何应对等,自己心中都很清楚,所以智者不卜。民间普遍认为,姜太公能镇住神仙。神界尚且如此,何况人乎?于是,产生了一个俗语,叫"姜太公在此,百无禁忌"。姜子牙是大器晚成的人,他年轻的时候在集市上卖肉,家里太贫穷,连妻子都离开他。一直到七十多岁,他才得到周文王的赏识,周文王命他为太师。他助周灭纣,建立经天纬地的功绩。

一个人如果活在规律内,他的言行、因果就都在规律内,卦可以较准确地预测其吉凶。如果这个人跳出规律,卦就无法预测他的言行、因果。有句话说"跳出三界外,不在五行中",这种人的行踪,就是任何卦都测不到的。人和道分离,则背(阴阳逆气);人和道相随,则顺(阴阳交泰)。什么是"道"?就是支撑《易经》运转的力量:不可见,不可名,但存在,就是"道法自然"。八卦和六十四衍生卦,都围绕这条基本规律运转,万变不离其宗。

一叶知秋

"一叶知秋"的表面意思是,从一片凋落的枯叶上,就可以知道秋天来了,引申为从个别细微迹象就可以知道整个事件的发展趋势与结果。这与《周易·坤卦》中"履霜,坚冰至"是相同的道理。《周易·系辞下》曰:"知几,其神乎。""几"的意思是事物的细微变化,能够明白"几"的人就近乎神了。从事物的变化细节推测未来的发展变化,见微知著,也是《易经》具有预测功能的重要原理。

明末的时候,明将洪承畴被皇太极俘虏,皇太极想将其收进麾下,但是洪承畴誓死不降。皇太极每日派十多个美女陪他,也没效果。皇太极无计可施,特命最受宠信的大学士、吏部尚书范文程前去劝降,看洪承畴是否真有宁死不屈的决心。

范文程至,洪承畴则大肆咆哮,而范文程百般忍耐,不提招降之事,与他谈古论今,同时悄悄地察言观色。谈话之间,梁上落下来一块燕泥,掉在洪承畴的衣服上。洪承畴一面说话,一面"屡拂拭之"。范文程不动声色,告辞出来,回奏太宗:"承畴不死矣。承畴对敝袍犹爱惜若此,况其身耶?"意思是说,洪承畴内心是不想死的,他对身上穿的一件普通衣服都那么爱惜,哪能对自己的身体不在意呢?皇太极接受范文程的意见,对洪承畴倍加关照,恩遇礼厚。洪承畴顶不住诱惑,最终投降于清,使皇太极又多了一名得力干将。

其间最为神奇的就是范文程对洪承畴的观察。当他发现洪承畴一次次掸掉衣服上的尘土时,就对洪承畴不会求死作出了判断。这个判断让后人称奇,因为事情的发展已经验证了判断的正确性。当时的情况,皇太极当然是希望洪承畴归顺,范文程也希望能帮皇太极这个忙。他之所以作出这样的判断,是基于对人性的分析、对洪承畴的了解,他从细微的地方看到了事物发展的结果。后面发生的事情,完全证实了预测的正确性。

《史记·宋微子世家》载"纣为象箸而箕子唏"的故事,充分说明了一叶知秋、见微知著的道理。箕子,殷商末期贵族,商纣王的叔叔,官至太师。

箕子是朝歌古代名人,其洞察力之强、气节之高为后人所称道。

商代最后一位君主是帝辛,后人称他为殷纣王。年少时,"资辨捷疾,闻见甚敏;才力过人,手格猛兽",是一个能文能武的人。他继位后励精图治,锐意改革,不杀奴隶,发展生产,更新观念,不事鬼神。他征服东夷后,疆土扩大,农业发展,财粮增多。但到了统治后期,他开始腐败。

有一次,纣王让人给自己做了一双象牙筷子,他的大臣太师箕子就感到非常可怕和担心。箕子见微知著,联想了很多,他认为,用象牙筷子吃饭就一定不肯用陶土粗制碗具,必将用犀牛角或玉做成杯盘;餐具改变了,食品也会随之改变,盛的不可能是豆菽青菜,肯定会升级到山珍海味,珍禽异兽将成盘中之物;食物改变了,将不满足于穿着,麻布为衣将不再流行,朝中之人进而会穿绫着缎;穿着改变了,下一步将造豪华的车子,建高阔殿宇楼台,追求享乐。如此下去将一发不可收拾,腐败之风会很快盛行起来。

中国古代著名的哲学家、思想家、政论家和散文家韩非子,把箕子这种联想,说成"圣人见微以知萌,见端以知末",这就是见微知著的来历。

有一天,纣王长夜饮宴,不理朝政,竟忘了日期,询问左右,大臣们面面相觑谁也不知,便派人去问箕子。箕子对徒弟说:"君主忘日则天下忘日,不是好兆头,商之天下到了危险关头。一国皆不知而我独知之,我也极其危险。"令徒弟告诉来者:"太师醉了也不知道。"以后箕子多次进谏,纣王充耳不闻,我行我素,骄傲恣肆,专横跋扈,使箕子非常失望。箕子装疯卖傻,以避迫害,但仍被纣王囚禁。正如所料,不过五年,纣王就被周武王灭了。

说到箕子,有必要多说几句。箕子生活在殷商末期,在纣王的朝廷里做太师。箕子一生有许多重要贡献,"洪范九畴"便是其中之一。

据说在周武王灭殷后,箕子向周武王提出治理国家必须遵循的九条大法。洪,大也;范,规范也;"洪范",就是"大法"的意思。箕子还有一个贡献,就是他在离开周武王后,带着商代的礼仪和制度到了朝鲜半岛的北部,被那里的人民推举为国君,并得到周朝的承认,史称"箕子朝鲜"。箕子可以说是朝鲜半岛文明开化的创始人。

说了上述箕子的两大贡献后,还有一大贡献不得不说。《易经》六十四卦中,有一卦指名道姓提到箕子,那就是"明夷卦"。

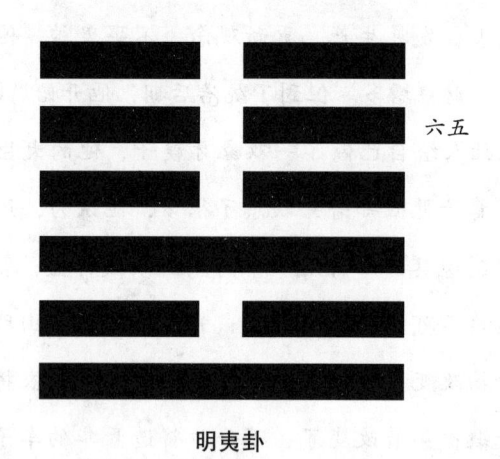

明夷卦

《周易·明夷卦·六五》说:"箕子之明夷,利贞。"明夷卦是艰贞之卦。箕子接近至昏之君殷纣,无法逃避,只好把自己的一切聪明才智藏起来,佯狂以自晦其明,这样才免去了杀身之祸。箕子其人出现在六十四卦之明夷卦中,仔细琢磨起来,其中的味道还真值得品尝。周文王被纣王拘于羑里城,将《易经》八卦演绎成六十四卦,在推演明夷卦时,竟然想到了箕子,很令人惊讶,因为箕子当时已被纣王囚禁,唯一的解释就是周文王很欣赏箕子的聪明才智和坚守君子之道的情操。

我们还可以进一步发挥想象的空间。当时的羑里大狱囚禁的应该不是一般人物,就像现在的秦城监狱,关押的都是大人物。周文王在狱里演绎六十四卦,在放风时竟然碰到了箕子,原来他们是狱友,有没有交谈不得而知,但箕子的出现给了周文王灵感，周文王正愁卦中不知举谁为例，看到箕子便有了"得来全不费工夫"的兴奋，于是就有了现在这个样子的"明夷卦"。看似杜撰的一段，又有谁能说得清楚，说不定历史上还真的就有这么一幕。

据说，箕子在商周变易之际有过短暂的隐居生活，他隐居于其封地箕，陵川旗子山一带（山西陵川县）。箕子利用那些天然的黑、白两色的石子摆卦占方，借以观测天象，参悟星象运行、天地四时、阴阳五行、万物循变之理，未曾想不知不觉演绎出了围棋，他因此被称为"围棋始祖"。这是箕子的又一重要贡献。

借东风

诸葛亮借东风的故事，在中国几乎是家喻户晓，人们都认为他是一个能神机妙算、满腹经纶的神人。

赤壁大战前夕，曹操百万大军麇集于长江北岸。孙权和刘备联合起来，在江南与曹军相持。东吴都督周瑜和刘备的军师诸葛亮为了以少胜多，百般策划，决定采用火攻，一举打垮曹兵。周瑜把一切都布置妥当，才猛地想起一件重要的事情：曹军驻在北岸，须有东南风方可放火，可这隆冬季节如何来得东南风？周瑜不由得心中一急，大叫一声，口吐鲜血，倒在地上。

诸葛亮听说周瑜病了，来到帐中探望，他说："我有一方，可与都督治病。"随即屏退左右，在纸上写下十六字递与周瑜："欲破曹公，宜用火攻；万事俱备，只欠东风。"周瑜见心事被说破，只得以实情相告，请诸葛亮帮忙。诸葛亮满口答应，笑道："亮虽不才，却会作法，可以呼风唤雨。都督若要东南风，可于南屏山建一台，名'七星坛'。我于台上作法，借三日三夜东南大风，助都督用兵。"周瑜大喜："休道三日三夜，只一夜大风，可成大事矣！"一跃而起，着人筑坛去了。

诸葛亮选择吉期，沐浴斋戒，身披道衣，跣足散发，上坛祭风。周瑜派出部将黄盖，带领一支火攻船队，直驶曹军水寨，假装去投降。只等东南风起，将士个个摩拳擦掌，准备厮杀。这一日，看看近夜，天色清明，微风不动。周瑜在帐中坐立不安，说道："隆冬之时，怎得东南风？"将近三更时分，忽听风声响，旗幡转动。周瑜出帐看时，旗角竟飘西北，霎时间东南风大起。黄盖的船队距离曹操水寨只有两里路了。这时，黄盖命令："放火！"号令一下，所有战船一齐放起火来，就像一条火龙，直向曹军水寨冲去。

东南风愈刮愈猛，火借风力，风助火威，曹军水寨全部着火。"连环战船"一时又拆不开，火不但没法扑灭，而且越烧越盛，一直烧到江岸上。只见烈焰腾空，火光烛天，江面上和江岸上的曹军营寨，陷入一片火海之中。孙刘联军把曹操的大队人马歼灭了，把曹军所有战船都烧毁了。

有人这样分析诸葛亮"借"来的东风：从现代天气图上，我们可以看到，当一个地方受到移动的闭合的高气压中心影响时，风向是顺时针转变的。也就是说，当冷高压开始移到海上，高气压后部盛行的东南风就会暂时控制长江中下游地区。由于冬季冷高压南下过程中移动迅速，尾随南侵后的一股冷空气很快又到，所以，东南风持续的时间很短，往往被人们忽略。而通晓《易经》八卦、熟悉天文地理的诸葛亮，就住在离赤壁不远的南阳，掌握这次东南风出现的征兆，所以他准确地作出了中期天气预报。

这样看来，诸葛亮在初冬的十月，根据长江中下游地区当时的天气变化，预测将有东南大风出现，并进一步推断天气要恶化，这是符合天气演变规律的。

借东风是历史上关于诸葛亮的一个典故，其实借东风不过是利用自然现象来打仗，并不是真能呼风唤雨，诸葛亮的聪明之处就在于懂得利用自然环境的力量。

诸葛亮崇尚法家和黄老思想，同时精通易学。诸葛亮的"先知先觉"与其精通《易经》密切相关。从传世的诸葛亮的有关著作来看，其中不但涉及易理，也透露出诸葛亮对卦象占筮的精通。

古时兵法的运用讲求天时、地利、人和，其实就是风水的天文、地理、命理。诸葛亮的八阵图明显是由《易经》的八卦演化得来，可以说，诸葛亮的八阵兵法图得益于八卦，八卦是《易经》必须运用的推演法则。虽然三国时代"风水"一说并没有出现，但诸葛亮运用的应该是风水的雏形。

对天气的变化，运用易理分析，可以得出一个比较准确的判断。对个人的变化，也可以运用易理进行大致的推断。中国有句老话叫"相由心生"，一种解释是此处的"相"指物相，"相由心生"即指一个人看到的事物，或者对事物的理解、解释、观感，是由他的内心决定的。另一种解释是，人的相貌会随心地的好坏而变化，有善心而没有福相，福相就会随善心而生发；有福相而没有善心，福相就会因为没有善心而消失，即所谓"有心无相，相逐心生；有相无心，相随心灭"。

据说，唐朝杰出的政治家裴度年少时贫困潦倒。有一天，他在路上巧遇一位高人。高人看了裴度的脸相后，发现裴度嘴角纵纹延伸入口，恐怕有饿死的横祸，因而劝勉裴度要努力修善。裴度依教奉行，日后又遇该高人，高人看裴度目光澄澈，脸相完全改变，告诉他以后一定可以贵为宰相。依高人之意，裴度前后脸相有如此不同的变化，是因为其不断修善、断恶，耕耘心田，故相随心转。另外，裴度年轻未显达时，算命先生说他有牢狱之灾。一段时间后，那位算命先生又见到他，惊奇地发现他的灾祸已经被化解，于是他问裴度是怎样化解的。裴度说自己没做过什么，只是归还了一条偶然拾到的玉带。算命先生说，正是这件善事救了裴度一命，而且裴度以后会大富大贵。这就是有名的"裴度还带"的传奇故事，它说明凡事都有转机，人生的命运在不断变化，祸福掌握在自己手中。

"相由心生"一词在佛学和相学中都是有据可考的。佛学的"相"一般而言是指事物的表现形式，与"性"相对，"性"一般是指事物本质；而相学的"相"则指面相。所谓"相"，即是我们平日生活中所见到的诸事物之表象，事物之相状，表于外而想象于心者。

苏轼是个大才子，佛印是个高僧，两人经常一起参禅、打坐。佛印老实，老被苏轼欺负。苏轼有时候占了便宜很高兴，回家就喜欢跟他那个才女妹妹苏小妹说。一天，两人又在一起打坐。苏轼问："你看看我像什么啊？"佛印说："我看你像尊佛。"苏轼听后大笑，对佛印说："你知道我看你坐在那儿像什么？就活像一摊牛粪。"这一次，佛印又吃了哑巴亏。苏轼回家就在苏小妹面前炫耀这件事。苏小妹冷笑一声，对哥哥说："就你这个悟性还参禅呢，你知道参禅的人最讲究的是什么？是见心见性，你心中有眼中就有。佛印说看你像尊佛，那说明他心中有尊佛；你说佛印像牛粪，想想你心里有什么吧！"

通过上述多个事例，我们知道《易经》预测不是迷信，更不是一种神乎其神、虚无缥缈的东西。它是将《易经》中理、象、数的原理，运用"大数据"推理计算，按照自然界客观运动规律，从而揭示事物发展的本质。

第十四章

从『简简单单才是真』看大道至简之道

《周易·系辞上》曰："乾以易知,坤以简能;易则易知,简则简从。"其大意是:乾道以它固有的本性和规律创始万物,显得很平易,一看便知,坤道也按固定的规律而成就万物,它的能量显而易见;世间任何复杂的事物,只要认识到它的本质,掌握了它的规律后就平易而不显得复杂,也就易于认知,变得简单了,也就易于遵从,便于行动了。老子则更加直截了当地提出了"万物之始,大道至简,衍化至繁"的论断。这里的"道",即道理,即理论。大道,是指事物的本源、规律,生命的本质。大道至简的含义,就是最有价值的道理其实是最朴素的道理,很重要的道理其实是很平常的道理。

　　《易经》之书本身,就是化繁为简的代表作,一画开天地,阴阳释宇宙,卦中喻世事,爻里藏玄机。你看看,就那么简单:一笔将天地开化,阴与阳就将茫茫宇宙给解释了,几划组成的卦却能喻含万事万物,一个爻就暗藏着无穷奥秘。

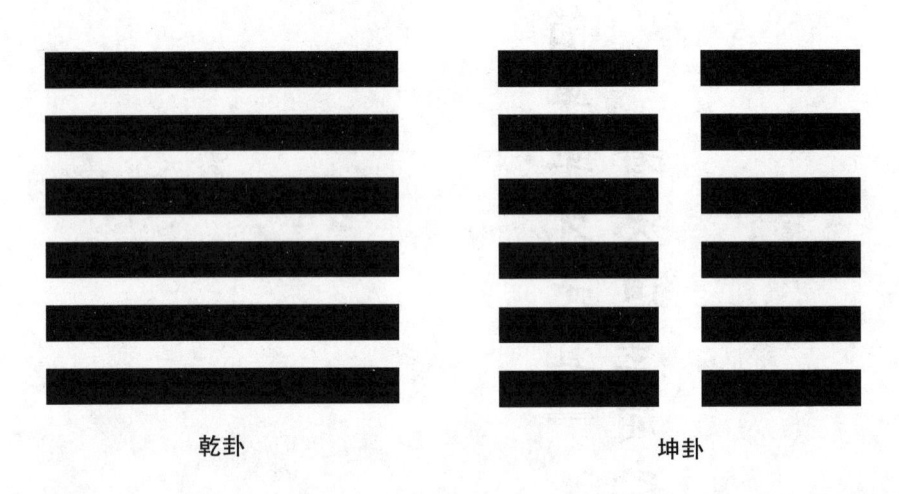

乾卦　　　　　　　　　　坤卦

简易　变易　不易

　　《易经》是什么?人们一般都会用"简易、变易、不易"原理来解释说明。应当说,用这"三易"来回答《易经》是什么,是最朴实、最直接的,

第十四章 从"简简单单才是真"看大道至简之道

大家也最容易理解。

简易,是指世界上的事物再复杂、再深奥,一旦人类的智慧达到,就可以把它们转换成人们容易理解和处理的问题。

变易,是指世界上的万事万物每时每刻都在变化发展着,没有一样东西是不变的,离开这种变化,宇宙万物就难以形成。

不易,是指宇宙万物皆变的规律是不变的。

简易就需要我们善于把复杂问题简单化;坚持变易就需要我们敏锐地知变应变;不易就是需要我们顺应客观,坚持万变之中有不变的规律。

用简易的方法,看待变易的事物,得到不易的真理。"三易"中的"易"就是易理,是生活中的常理,每一件事物都离不开这"三易"。

宇宙的变化是有规律的,也就是说,它是可遵循的,是可以认识的。换句话说,就是可以简单地理解并且认识掌握的,所以说是"简易"。大家看,围棋的规则非常简单,任何人只要通过简单的练习,就可以掌握基本的走法。这种简单的规则,符合"简易"的原理。

宇宙万物时刻变化,河流、湖泊、海洋、山川、鸟兽,包括人事在内,都在无时无刻地运动、变化,因此,称为"变易"。围棋从开局开始,双方每走一步,就有三百六十一种变化,这是一个近乎无穷大的数字!正因为这种变化,据说从古至今没有两盘相同的棋。这种无穷无尽的变化,符合"变易"的原理。

变化不息的宇宙虽然在不停地运动,但这种变化却不是杂乱无章的,是有规律可循的,具备一定的法则性,井然有序、循环不已。虽然围棋有着数千年的发展历史,时代屡次变迁,围棋里面的基本规则以及象征意义却没有变化。这说明,围棋符合"不易"的原理。

"西游记",这三个字非常简单,这是一本关于唐僧去西天取经的游记,这是"简易"。按照这样的故事情节,"东胜神洲花果山顽猴出世—孙悟空大闹天宫—如来佛祖收服美猴王—观音菩萨寻找取经人—大唐都城长安李世明君臣隆重送别唐僧—两界山遭遇猛虎—五行山下救悟空—三打白骨精—高老庄收八戒—流沙河收沙和尚—黑熊怪—火云洞—金角大王银角大王—黄风怪—蜘蛛精—乌鸡国—女儿国—车迟国—人参果—琵琶精—陷空山无底洞—真假悟空—千年老龟—觐见如来—回到东土",所有千奇百怪、光怪陆离的故事都发生在唐僧取经的路上,这是"变易"。无论前面是霞光万道还是无底深渊、狼虫虎豹、妖魔鬼怪,都无法改变唐三藏去西天求取真经的决心,这是"不易"。

吃多了肚子会不舒服,这个道理非常简单——简易。米饭吃多了不舒服,喝酒喝多了不舒服,大鱼大肉吃多了不舒服,药吃多了不舒服,贪污受贿、赃钱吃多了不舒服,早上吃多了不舒服,中午吃多了不舒服,晚上吃多了不舒服,在家里面吃多了不舒服,朋友家里吃多了不舒服,酒店里面吃多了不舒服——变易。无论在哪里,我们都不能吃多,否则肯定不舒服,这个道理在哪里都是真理——不易。

白天太阳出来,晚上月亮出来,这个道理非常简单——简易。中国的太阳月亮,美国的太阳月亮,欧洲的太阳月亮,印度的太阳月亮,非洲的太阳月亮,澳洲的太阳月亮,阿根廷的太阳月亮——变易。无论是什么地方,都是白天太阳出来,晚上月亮出来,这个自然现象亘古不变——不易。

中药治病,一服几味药,抓来抓去,不用太精准,很简单,就是简易;不同中药的搭配,治疗不同的病,就是变易;按方抓药、对症下药是变不了的,就是不易。

这是《易经》"简易、变易、不易"原理在日常中的具体表现,类似的道理不计其数。

越高级　越简单

无论是《易经·系辞上》的"乾以易知,坤以简能",还是老子的"大道至简",都告诉人们一个道理,越是高级的东西,越是大道理,就越是极其简单,甚至简单到一两句话就能说明白,所谓"真传一句话,假传万卷书"。易中天先生曾说过:"越是高级的东西越简单,越是真理越明了。"

佛教里有一句话:"一念天堂,一念地狱。"

有个人跑去问法师:"老法师,你给我讲讲,天堂在哪里?什么是地狱?"

老法师坐在那里一直没说话。

这个人一生气,就把宝剑拔出来了,说道:"我让你这个老秃驴不说。"

老法师说话了:"你现在就在地狱。"

这人一想,哎呀,我这问老法师几句话,他没回答,我怒火就起来了,还要杀人家,原来这就是地狱。他赶紧说:"老法师,对不起,我忏悔,我错了。"

老法师说:"你现在就在天堂。"

你看,天堂和地狱,就是一念之差。天堂与地狱本来是一个大话题,是一个相当复杂的问题,而老法师用简单的两句话就解释得清清楚楚。

宇宙是复杂的,世事也并不简单,能否化繁为简,把复杂的问题简单化,是对能否真正得"道"、悟"道"的严峻考验。

乾隆在位六十年,面对错综复杂的局面,他在治国理政方面多有创新。他在主动禅让皇位给太子永琰(即嘉庆皇帝)时,就演了一场精彩的茶戏。

在决定让位的那一天,乾隆宣永琰和福康安到圆明园去拜见他。当时,乾隆正在园中散步,见到永琰和福康安,乾隆满脸笑容,一边命"煽火沏茶",一边说:"琰儿,来得正好,陪朕坐坐。福康安你也坐下。今天,咱们一同品新入贡的好茶,不必论君臣之礼。"

"是!"永琰和福康安一齐躬身答道。

乾隆亲切地看着福康安,又看了永琰一眼,一边揉自己的膝头,一边对福康安说道:"朕下旨催你,是为了赶好日子。明日是辛亥日,是永琰数格里最好的黄道吉日,朕要升勤政殿,召见皇子皇孙和王公大臣,宣布立永琰为太子。"

乾隆略停顿了一下，放下揉膝盖的手，正容望着永琰说："明年正月初一，你即嗣位。虽然是内禅，但年号要公布，改元为嘉庆，这和你的亲王封号一样。"

一席话直听得永琰热血上涌，他感到激动、兴奋，自豪中又夹杂着惶恐不安。人有时就是这么奇怪，明明是自己长期以来追求的东西，可是一旦到手，又觉得不知所措。

正在这时，太监将沏好的茶呈了上来。乾隆接过一杯并吩咐道："快给你十五爷端上，这茶最讲究要趁热品饮，岩韵稍纵即逝呢！"

永琰和福康安接过茶后，心都镇静下来，看着乾隆在旁若无人地品茶，也都低头乘热闻香品茗。

永琰闻香后一脸困惑，赶紧啜一口，似乎不信，又啜一口，顿时感到从脊髓中透出一丝寒意。福康安品茶后也呆若木鸡，双眼直望着乾隆。

乾隆却一脸祥和，双目含笑，一边津津有味地啜茶，一边说："永琰明年登位，布新不可忘旧，你应当度量宽宏，遇事多与和珅还有几位军机大臣好好商量。"

永琰、福康安二人都是品茶高手，雨水、雪水、惠泉、玉泉……是什么茶，一入口便知。今天乾隆所赐的茶，是充满陈香陈韵的陈年好茶，绝非乾隆所说的"新茶"。永琰这个将要登基的太子一下子都明白了，皇阿玛是用陈茶提醒他，陈茶比新茶更有韵，登基后千万不可忘乎所以。

"好茶！"永琰不胜苦涩地一笑后，站起身来，自己执壶斟了个七分杯一饮而尽。

"好茶，谢万岁赏！"福康安心慌意乱地说着，也饮了自己那一杯。

"嗯……你们都说好茶？懂得就好，懂得就好！朕打小时起就最爱喝大红袍。不过这茶虽然好，但是喝多了难入眠。琰儿跪安吧。"

说着话，乾隆依旧悠然自得地品茶。这位老茶皇真不愧是玩权术的老手，他通过说茶论道，把江山谁来坐、怎样坐这样天大的事定了下来。

第十四章 从"简简单单才是真"看大道至简之道

在故宫的乾清宫和坤宁宫之间有一座不太大的宫殿叫交泰殿。殿名取自《易经》，含有天地交合、康泰美满的意思。

1748年，乾隆皇帝将代表皇权的二十五宝，也就是皇帝行使权力的印章存放在了交泰殿。需要的时候要请示皇帝批准，才能够使用这些玉玺。保存二十五方皇帝行使权力印章的交泰殿里悬挂着一个写着"无为"两字的匾额。若说无为的意思是无所作为的话，岂不是意味着这些印章没什么用吗？这显然不合常理。

那么，无为的真实含义究竟是什么呢？在老子看来，无为的本质是顺道而为。他说："道常无为而无不为。侯王若能守之，万物将自化。化而欲作，吾将镇之以无名之朴。无名之朴，夫亦将无欲。不欲以静，天下将自定。"意思是：道常常是无为的，而没有一件事不是它所为的。统治者若能无为而治，万民就会自然成长。成长过程中，一旦萌生贪欲，我就用无名的真朴来镇服他。不起贪欲而归于宁静，天下自然就会安定。这里无为是顺应自然、不妄为的意思。交泰殿内这二十五方玉玺如果不需用或少用，就说明了国泰民安、丰衣足食，达到"无为而治"的最高境界。

清朝初期，易学研究出现了汉易与宋易孰更有理的争论。这种争论引起了康熙皇帝的重视，下旨御纂《周易折中》。乾隆皇帝对《易经》情有独钟，乾隆皇帝开四库馆，集天下图书，组织编纂《四库全书》。其中有《易类》及《易类存目》共十卷。公正地说，清代特别是以康熙、乾隆皇帝为代表的统治阶级为保留整理传统学术做出了不可磨灭的功绩。同时，也足以说明康熙、乾隆对《易经》的喜爱和深厚的易学功底。

把一个问题简单化处理还是复杂化处理，会导致不同的结果。中国历史上有两次著名的改革。北宋王安石变法，野心太大，变法内容涵盖方方面面，错综复杂，百姓怨声载道，变法最终也未能成功。

明朝张居正就不同了，他很实在。推行了"一条鞭法"，最主要是颁布统一规定，全国税收由实物变为货币税，改变了自唐朝以来延续了八百年的税制。"一条鞭法"的改革得到老百姓的拥护，推动了社会的发展。事实证明，越复杂的政策，空子越多，越难以执行。"一条鞭法"的改革，看似简单，却是最高智慧的结晶。张居正能把复杂问题简单化，还真是有两把刷子。

简由心生

万物皆由心生。如何看待事情的繁简，心态很重要。如果把事情想得太复杂，那它就复杂；把它想得简单，那它就是简单。《易经》之所谓"简易"，其实是一个富有智慧的概念，它告诉我们，宇宙间无论如何奥妙的事物，当我们的智慧够了，认识了它以后，就觉得原来如此简单。把复杂、深奥的问题化成简单的问题，中国人通俗的说法是"化繁为简"，这四个字看上去很简单，但往深里去琢磨，还真是不简单。

第一，简单招数最管用

"三十六计，走为上计"是指在我方不如敌的情况下，为了保存实力而主动撤退。所谓上计，不是说"走"在三十六计中是上计，而是说，在敌强我弱的情况下，我方有几种选择：求和、投降、死拼、撤退。选择前三种就是宣告彻底的失败，只有第四种——"撤退"才可以保存实力，以图卷土重来，这是最好的选择，因此说"走为上"。谋划出三十六计，终究是想求胜，而不是求败，前面的计谋都是求胜。而这败战计中的最后一计"走为上"，眼下却完全是不能取胜的计谋，这一计是为了在前面诸多计谋都不能取胜的时候保存实力，以图东山再起，教的是"留得青山在，不怕没柴烧"的道理，所以放在最后。至于此计被排为上计，其实很好理解的。"走为上"之后，完全可以重新谋划，重新施展三十六计。如此大的作用，当然是上计。你看，一个复杂的问题，一下子就变得简单了。

第十四章 从"简简单单才是真"看大道至简之道

某大学的一个研究室里,研究人员需要弄清一台机器的内部结构。这台机器里有一个由100根弯管组成的密封部分。要弄清内部结构,就必须弄清每一根弯管的入口与出口。大家想尽了办法,甚至动用某些仪器探测机器的结构,但效果都不理想。后来,一位在学校工作的老花匠,提出一个简单的方法,很快就将问题解决了。

老花匠所用的工具,只是两支粉笔和几支香烟。他的具体做法是:让一个人点燃香烟,吸上一口,然后对着一根管子往里喷,并在这喷烟管子的入口处写上"1"。这时,让另一个人站在机器的另一头,见烟从哪一根管子冒出来,便立即在该管子的出口处也写上"1"。照此方法,不到两个小时便把100根弯管的入口和出口全都弄清了。

第二,平和心态最有效

这一点,可以用以下例子来说明:

江西省新余市有个小伙子叫田水根,年轻时沉默寡言,性格内向。他朋友不多,平时很少和别人说笑。在家里,他一天也难得和家人说上几句话。非讲不可时,他的语言就能短即短,有时短到一个字或词。到了谈恋爱的年龄,人家给他介绍过很多对象,他往往见上一面就不再有下文。见过面的姑娘评价他:"人不错,就是太闷。"言外之意:跟这样的人相处一辈子,还有什么快乐可言?水根曾试图改变性格,主动与人接触,但总不能如愿。后来,他想,找对象、谈恋爱那么复杂,干脆就顺其自然,渐渐地不去想找对象的事了。

2007年夏天,水根买回一只鸭子,准备杀了吃。后来他有事没杀成,就把鸭子放在厨房里养了几天。这只鸭子鬼精鬼精的,不在厨房待着,总是跟着水根的脚后跟,只几天,就让水根怎么也甩不掉。

鸭子如此可爱,让水根始料未及。他觉得可以像马戏团驯兽一样,训练这只鸭子。他来了兴致,整个人精神起来。鸭子很聪明,水根教它什么,它都很快学会。

鸭子会陪主人散步，能买报纸，顿时成了大街上的一道亮丽的风景。鸭子很会来事，喜欢往人多热闹的地方去。人家让它表演，它就即兴来上一段儿，跳鸭子舞、学唱歌、说外语、学狗叫……无数人被这只鸭子逗得开怀大笑，为这只鸭子的聪明惊叹。

人们不光对这只鸭子感兴趣，还是对鸭子的主人感兴趣，水根顶不住人们的好奇追问，不得不对各种问题一一解答，他一遍又一遍地谈论鸭子的来历，说他如何训练鸭子，谈论它的趣闻，谈它的本领，谈它的一切，水根周围聚集了一群"鸭迷"。

渐渐地，水根变了，变得爱说话，风趣幽默。他训练鸭子表现出来的爱心、耐心、细心与聪明才智，逐渐赢得了一位女孩儿的芳心。水根40岁时，终于迎来了他人生中的一份晚熟却同样甘美的爱情。2009年国庆节，他和爱人一起走进了婚姻的殿堂。

心态平和了，复杂的事情、难办的事情就变得简单多了。

第三，弄巧成拙最遭罪

从自然界的事物表象来看是相当复杂的，不可能每一件事情、每一种物质都能看懂看透，那怎么办？办法就是不再去看它。知道有些世事看不透，那就是透，就去想看不透的招。

三十六计中的"走为上"就是这个道理。战场上大军压境，情况不明，形势危险，看不透敌情，那就先撤退，保存实力，以利再战，这可是明明白白的"透"，是另外一种"透"，这是高智慧的"透"。在那么复杂的情况下，拔腿就跑，你说简单不简单？

通过上面的分析，我们知道化繁为简是多么好的一件事，都愿意把复杂的问题简单化。然而，现实社会有的人却反其道而行之，有意无意地把简单的事情复杂化。

万通董事长冯仑在《野蛮生长》中讲过一个故事：

你开车违章了，被警察拦住，一看警察是熟人，你说："兄弟，你怎么在这儿!"

对方说:"没事儿,你过去吧。"

你觉得特有面子,特来劲,说:"改天一起吃饭。"

第二次路过这儿,你拐错弯了,一看又是这哥们,说:"又是你当班啊?"

对方说:"没事儿,你过去吧。"

麻烦了人家两次,你心里过意不去,于是找理由请他吃饭,还这个人情。这一吃一喝间,感情自然又加深了。吃完饭,你还多了一句嘴:"弟妹忙什么呢?"

对方说:"不争气啊,一天在家没啥事儿。要不上你那找个活,随便给点钱就行。"

你说:"没问题,哥们的事嘛!"

他媳妇来上班了,怎么开工资呢?再怎么也不能低于3000元吧。媳妇上班三个月后,他打电话来了:"大哥,你得好好管管你手下,不能老欺负我媳妇,她不就是没上大学嘛,没上大学也是人。"

第二天,你便给手下的人打了招呼。但不久,你也无法忍受了,打电话跟哥们:"让她回家吧,我每月给她开3000元。"

对方一听急了:"瞧我媳妇不顺眼啊……"你一年搭进36 000元,不仅得罪了哥们,还弄得挺窝心。如果当初他一上来敬礼,说罚款扣分时,你就乖乖给了,这一切麻烦都不会发生。就因为你把本来很简单的事情复杂化了,所以既丢了朋友又损了财。

还有一种人老把问题想得太长远、太复杂,未必是好事,可能给自己带来很多烦恼和压力。

冯仑还讲过一个故事:

多年前,一个房地产老板,拎包去给官员送钱,走到门口,发现官员家门口有很多人。他觉得自己拎的包小了,应该拎个大的,就想干脆下次再来吧,于是就回去了。

过了些日子，他又去给这人送钱，结果这人生病住院了，病房人多，送钱不便，他又回去了。

第三次，他又去送，结果被便衣拦住，说不能上去。回家后他才知道，这人已经被"双规"了。

他一个劲暗自庆幸："幸好两次都没送出去，不然现在就和他在一起了。"

冯仑说："我们最容易犯的错误，不是破解不了复杂的难题，而是总把简单的事情办复杂。"在生活中、在职场里、在官场上，不要费尽心思寻找什么终极捷径，简单老实就是最好的捷径。能把复杂问题简单化，才是大智慧。

第十五章

从『左右逢源』看睿智处世之道

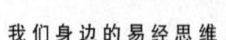

中国人易经思维最明显、最直观的体现，就是在处理人际关系上。人们常说中国人的思维是 S 型的，是阴阳鱼式的，是会转弯的。因为中国人太懂生活在社会上、人群中，处理好人际关系至关重要，甚至关乎身家性命。中国传统文化的代表作中，许多都在论述怎样做人，怎样做社会中的好人。如《道德经》曰："欲先民，必以身后之。"《论语》曰："有朋自远方来，不亦乐乎！"《中庸》曰："中也者，天下之大本也；和也者，天下之达到道也。致中和，天地位焉，万物育焉。"这些引领中国传统文化的名作中的论述，与《易经》的思想高度吻合，让人感觉到一脉相承的味道。

本书前面的篇章其实已涉及大量为人处世的话题，阐述、分析和探讨过人际关系问题，《易经》从另一个角度来讲，它是论述人际关系的哲学著作。因此，在这一章中我们再来重点探讨《易经》中的转弯式的思维及其"左右逢源"的为人之道。

同人卦

《周易·同人卦》曰："同人于野，亨。利涉大川，利君子贞。"所谓"野"，在古文中指离城邑很远的地方，在这里则泛指"天下"。卦辞的意思是，与人和同，要以天下大同为目标，尽量扩大其范围，这样才能亨通，有利于克服最大的困难，有利于大公无私的君子践行天下大同之道。

难得糊涂

"难得糊涂"这句话，出自乾隆年间郑板桥先生之笔。郑知县诗、书、画均造诣很高，他是"扬州八怪"之一，但"难得糊涂"四个字，似乎比他的诗、书、画流传更广，更加深入人心，因为这四个字更符合大多数人的想法和心态。

《周易·明夷卦·六五》："箕子之明夷，利贞。"就是说，应采取箕子那种自掩聪明才智的做法，这样才有利于坚守正道。关于箕子，前面已有叙述。明夷卦是提醒人们要学会表面糊涂、内心聪明，也就是通常所讲的"难得糊涂"。

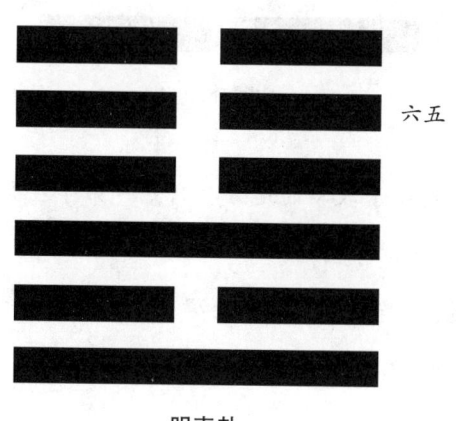

明夷卦

有人用"难得糊涂"这四个字作自我解嘲，"一生碌碌，半世萧萧"，万事作糊涂观，无所谓失，无所谓得；也有人用这四个字作为反抗之争，明明是非黑白了然于心，却要偏偏装作良莠不分，即由"聪明转入糊涂"了；还有人用这四个字来心安理平，坚持做到与世无争，吃亏是福，"放一着，退一步，当下心安，非图后来福报也"。

聪明，指的是智商；糊涂，指的是胸怀。这里所说的糊涂不是智商不高，而是不计较。难得糊涂，就是大智若愚，蕴藏着人生中的大智慧，也是一种人生境界。这种境界的表现形式，大致有这么三种：

一是装糊涂。看破不说破，看穿不说穿。这就如同《周易·蒙卦》所说："初筮告，再三渎，渎则不告。利贞。"意思是已经告诉你原委了，你还要继续纠缠，那我就只能装糊涂了，这样才对我有利。

蒙卦

某日，有个人来到孔子教学的地方。只见一弟子在大院门口打扫。那人便上前问道："你是孔子的学生吗？"

弟子骄傲地答道："是的。有何见教？"

"听说孔子是名师，那么你一定也是高徒吧？"

"惭愧。"

"那我想请教你一个问题，不知可否？"

"可以。"

"不过，我有个条件。如果你说得对，我向你磕三个响头；如果你说得不对，你应向我磕三个响头。"

弟子暗想，"踢馆"的来了。为了老师的名誉，他很爽快地答道："好。"

"其实，我的问题很简单。就是你说说一年有几季？"

"四季!"弟子不假思索地脱口而出。

"不对,一年只有三季!"

"四季!!"

"三季!!"

"四季!!!"弟子理直气壮。

"三季!!!"来人毫不示弱。正在争论间,孔子从院内出来,弟子好像遇到救星一般,上前讲明原委,让孔子评评。心想,看你这人怎么下台?

不料,孔子对他的学生说道:"一年的确只有三季,你输了。给人家磕响头去吧。"

来人拍掌大笑道:"快磕三个响头来!"

弟子蒙了,但老师都这么说了,就是自己输了。不得已,他只好上前向来人磕了三个响头。来人见此,大笑而去。

待来人走后,弟子忙问孔子:"这与您所教有别啊,且一年的确有四季啊,老师!"

"平时说你愚钝你不服气。我现在教导你:这个人一身绿衣,和你争论时又一口咬定一年只有三季。他分明是个"蚱蜢"。蚱蜢者,春天生,秋天亡,一生只经历过春、夏、秋三季,从来没见过冬天,所以在他的思维里,根本就没有'冬季'这个概念。你跟这样的人争,就算争上三天三夜也不会有结果。你若不顺着他说,他能这么爽快就走吗?你虽然上了个小当,却学到了莫大一个乖。"孔子说完,留下一脸茫然的小弟子挥袖而去。

通过这个故事,你会不会觉得"见人说人话,见鬼说鬼话"还是很有道理呢?

《庄子·秋水》里有一句话"夏虫不可言冰,井蛙不可语海",意为:出生在夏天的虫子,无论你如何向它描绘冬天的冰雪,它都不会懂的;生活在井底的青蛙,无论你怎样跟它解释大海的宽阔,它都不会相信的。人与人之间,存在着认知上的差距,受时间、空间、教育的影响,人的思想层次和认知水平都不相同。若你与夏虫讨论季节，与井蛙讨论空间，那都是白费功夫，只有装糊涂，才能顺利脱身。

郑板桥曾说："聪明难，糊涂难，由聪明而转入糊涂更难。"其实，有时装装糊涂，行行宽容，是一种与人相处的方式，也是一种生存策略，懂得这样做的人，可被称为"大智若愚者"。

宋太宗也是个懂得糊涂的有智慧的人。

据《宋史》记载，有一天，宋太宗在北陪园与两个重臣一起喝酒，边喝边聊。两人喝醉了，竟在皇帝面前相互比起功劳来，他们越比越来劲，干脆斗起嘴来，完全忘了在皇帝面前应有的君臣礼节。侍卫在旁看着实在不像话，便奏请宋太宗，要将这两个人抓起来送吏部治罪。宋太宗没有同意，只是草草撤了酒宴，派人分别把他俩送了回家。第二天上午，他俩都从酒醉中醒来，想起昨天的事，惶恐万分，连忙进宫请罪。宋太宗看着他们战战兢兢的样子，便轻描淡写地说："昨天我也喝醉了，记不起这件事了。"就这样，宋太宗既不处罚也不表态，装装糊涂，行行宽容。这样做，既体现了领导的仁厚，又展现了领导的睿智，不失领导的尊严，而又保全了下属的面子。以后，上下相处也不会尴尬。臣属更会为其倾犬马之劳。

有时候，装糊涂是一种达观、一种洒脱，一份人生的成熟、一份人情的练达。现在的人唯恐自己不够聪明，可是很多人忽略了"糊涂"的智慧。苏东坡曾说："人皆养子望聪明，我被聪明误一生，唯愿吾儿愚且鲁，无病无灾到公卿。"

二是假糊涂。前面已经说到的蒙卦，其中曰"蒙，亨"。"亨"就是"通"，就是说一个人虽然头脑糊涂，但是难得糊涂，糊糊涂涂，反而日子很好过，就叫"亨"。亨者，通也。看上去真傻，实则不然。对人对事不争不辩，甚至明明吃亏了也不去计较，给人的印象就是一个"傻老冒"，但正是应了那句"傻人有傻福"的话，最后总会有意外收获，让人大跌眼镜。

中国民间有这样一个小故事：

有一个财主姓万,他虽然很有钱,但是为人非常吝啬。他雇了一个姓陈的长工,这长工为人老实憨厚、不计较,人称"陈傻子"。

万财主对陈傻子说:"你给我干一年活,我就给你一头牛。"陈傻子答应了。陈傻子辛辛苦苦干了一年之后,万财主却只给了他一瓶油。陈傻子问:"不是说好一头牛吗?"万财主却坚持说只是一瓶"油"。牛和油听起来很相似,价值可差远去了。陈傻子也没说什么,拿上油就走了。

陈傻子两手空空,回到了财主家。财主一问来由,陈傻子说:"我拿了油去庙里做了大布施。"万财主一听不乐意了:"我每年往庙里送一车的油,老和尚跟我说是小布施。你才拿了一瓶油,凭什么算大布施?"

万财主气冲冲地跑到庙里理论一番,没想到庙里的老和尚已经笑眯眯地等在那里了。老和尚伸出手在万财主的两眉之间轻轻一点,万财主在脑海中,就看到了一个清晰的景象:有一户富贵人家,四周都是茂盛的良田,仆人穿梭其中,院落中央的大堂上坐着一位锦衣玉食的主人。万财主定睛一看,发现那主人竟是他家的长工陈傻子。

此时,万财主听见一阵吆喝声,转头一看,磨坊里有一头瘦得皮包骨的瞎眼老驴正在拉磨,旁边还有个长工拿着鞭子抽打它。万财主再仔细一看,这驴子身上竟然写着万财主的名字。

万财主见此景象吓坏了,老和尚跟他解释说:"你看到的是下辈子的景象。你这辈子贪财吝啬,占人便宜,下辈子就当不成人啦,只能变成驴子,受苦还债。你家的长工陈傻子不把吃亏当回事,把辛辛苦苦干一年的酬劳都拿来做了布施,这是真正的大布施。你虽然捐了一车油,但都是你巧取豪夺来的财产,和人家是没办法比的。"

万财主这回看得清清楚楚,也由不得不信了,他急着问老和尚有什么办法可以改变他来世的悲惨命运。老和尚告诉他说:"这也简单,你这辈子积德行善,下辈子就能过得好。"

万财主回家后赶紧补给陈傻子一头牛外加一瓶油,以示歉意。当天晚上,万财主做梦,又梦到了白天看到的那个景象,不同的是,这次瞎眼老驴的旁边没人再用鞭子抽它了。万财主醒后,决定痛改前非,最后成了远近闻名的大善人。

故事里的陈傻子可不是真傻,他只是被别人骗了、欺负了,还能做到一声不吭。中国有句俗话叫"傻人有傻福",因果报应是天理,吃亏不一定是坏事。

像陈傻子的人活得最自在了,他们有着豁达的心态,别人对他们不公,他们便一概不在乎,一笑了之。但是有的人就会生活在愤恨不平之中,甚至郁结于心,进而成病,最后受苦的还是自己。

三是一半糊涂一半清醒。这个比装糊涂更高一个层次,装糊涂可能是对某一件事或对某一个人,而一半糊涂一半清醒却是一辈子要保持的一种状态,那可不是一件容易的事。

怎样才算得上一半糊涂一半清醒?中国人在易经思维的影响下,在长期社会实践中积累了许多经验体会,归纳起来就是"五个不要":

不要抓着过去不放,活好当下才是人生最大赢家。

不要拿得起,放不下,应放下没意义的,放下不值得的。

不要斤斤计较,甚至两两计较,心宽路就宽。心就那么大,杂念多了,快乐就少了。

不要想得太多,很多人的焦虑症就是想得太多了,整天闷闷不乐,愁眉苦脸,应看淡得失,顺其自然,活着就是为了开心。

不要显得比谁都聪明,有时要做到看穿了不说穿,明白了装糊涂。

一半糊涂一半清醒,是一种修养,也是一种成熟。人生就是这样,有时需要糊涂,有时需要清醒,在淡然中享受人生,在平凡中品味生活,那才是真正的"潇洒走一回"。

曾经有一个强盗去拜访一个禅师,他跪在禅师面前就说:"禅师,我的罪过太大了。多年以来,我一直难以入睡,难以摆脱心魔的困扰,所以我才来找你，请你为我解决痛苦。"

禅师就对他说："你找我可能找错人了，我的罪孽比你还深呢。"

强盗说："我做过很多坏事，伤了很多人，而且闭眼就能看到他们的血。"

禅师就说："我也伤过很多人，我也做过很多坏事，我不用闭眼就能看到他们的血。"

强盗听了之后就特别鄙视禅师，就说："既然你是这么一个人，为什么自称禅师，还在这里骗人呢？"于是这个强盗起身，轻松地下山了。

后来，徒弟就问禅师："师父，您为什么这样说？您明明是一个很善良的人呀，从来没有做过坏事。"

这个禅师就说："你难道没有看出来他走的时候，那一种如释重负的感觉吗？我不入地狱谁入地狱，如果用我承担痛苦的结果换来他的释怀，那么我心甘情愿。"

正所谓"水至清则无鱼，人至察则无徒"，太过精明的人，难得有朋友。

聪明反被聪明误

"聪明"二字，可能最早出自《易经》的"鼎卦"，其《象辞》是这样说的："巽而耳目聪明。"耳朵好使叫"聪"，眼睛明亮叫"明"。耳聪目明，这应该是聪明的本意了。后来，聪明的意思延伸了，指天资高，记忆和理解能力强等。做一个聪明的人是很多人梦寐以求的愿望，天下做父母的哪个不希望自己的孩子聪明能干？然而，世界上的事往往物极必反、泰极而否，聪明过头了，就是愚蠢。

"聪明反被聪明误"，这句话我们早已耳熟能详。此话出自宋代苏轼的《洗儿》："人皆养子望聪明，我被聪明误一生。"生活中人们谁都希望自己聪明，聪明的人希望自己更加聪明，没有人愿意做个傻瓜。聪明不是坏事，但

鼎卦

自以为聪明，总认为自己了不起，往往就会做出"聪明反被聪明误"的事情。子曰："人皆曰予知。驱而纳诸罟擭陷阱之中，而莫之知辟也。"意思是说，人人都说自己聪明，可是被驱赶到罗网陷阱中去却不知躲避。聪明反被聪明误的人，往往是自恃聪明，不知适可而止。

三国时期杨修是太尉杨彪之子，博学能文，机智过人，任曹操丞相府仓曹属主簿。杨修出身名门，又博通诗文，不免喜好斗智逞才，经常揣摩曹操的想法，多次猜中诡谲多诈的曹操的心思，甚至当众揭穿曹操的计谋，犯了曹操的大忌。

有一次，曹操令人在许都建造府第。曹操看后，在门上写了一个"活"字便走了，在场的人都不理解，只有杨修明白曹操的意思，并说："门里边添一个'活'，不就是'阔'吗？丞相是嫌府门太宽了，应当修窄一些，才显得好看。"曹操事后表面上十分称赞，心里却嫉恨杨修。

一天，有人送给曹操一盒高档食品。曹操搁置一方，没有启封，只是拿笔在盒上写下"一合酥"三个字就走了。这时，杨修觉得自己与曹操亲近，就擅自作主让左右人分吃了。当曹操问他为什么这样做时，杨修回答说："盒上明明写'一人一口酥'，我们怎么敢违抗丞相的命令呢？"曹操听后，笑了笑，心里却更加讨厌他。然而，杨修自我感觉良好。

第十五章 从"左右逢源"看睿智处世之道

曹操平时非常害怕遭人暗算,曾经对身边的人说自己有"梦中杀人症",并告诉他们:"凡是我在睡觉的时候,你们千万不要靠近。"曹操为给自己的这一理论找证据,说过这话后不久,就在夜间睡觉时杀了一位为他盖被的近侍。然后,曹操佯装如梦初醒,先是故意装出一副震惊状,接着又哭着为死者送葬。但是,就在曹操表面痛苦流泪、心里暗喜演戏成功的时候,杨修在一旁指着死者,叹息说:"丞相并非在梦中,而是你仍在梦中啊!"就这样,曹操的一场棺材"魔术"被杨修给搞砸了。

后来,曹操想立长子曹丕为太子时,杨修却积极为曹植出谋划策,要帮曹植取得魏太子的地位。杨修认为曹植天资聪颖,文华盖世,如果有自己的辅佐,一定能成就一番大业。本来曹操也是很喜爱曹植的,但因为杨修的原因,就不再重用他了。

在与蜀军的一次战役中,曹操兵退斜谷界口。当时,曹军已在那里停留了很长时间,想进攻却久攻不下,想收兵又怕被蜀兵耻笑,处于一种进退两难的地步。因此,曹操心中犹豫不决。吃饭的时候,他发现碗中有鸡肋,一时有感于怀,于是传令夜间口号为"鸡肋"。杨修听后认为,"鸡肋者,食之无肉,弃之有味"。所以,杨修料到曹操正进退不得,第二天必定要班师回朝。于是,他没有与曹操核实,便命令兵士收拾行装,因而大大激怒了曹操。这次,曹操实在是忍无可忍,于是以"扰乱军心"为由,将杨修诛杀了。

在处决杨修以后,曹操给杨修的父亲杨彪写了一封信解释他杀杨修的原因。实质上,曹操杀杨修,是为嗣子曹丕扫清以后继位的政治障碍。杨家四代太尉,杨彪又是曹操专权的反对者,鉴于杨彪的名望,曹操才没有杀他。现在杀杨修,不仅扫除了曹丕的潜在威胁,而且是对世家豪族反曹势力的一个警告。

从个人来说,曹操也有封建统治者的通病,唯我独尊,疑忌贤能。书呆子杨修偏要将曹操阴暗的心理屏障凿开一个窟窿,窥探其中变幻莫测的诡计,能不死吗?

《红楼梦》中对金陵十二钗都有辞赋，又称判词。"机关算尽太聪明，反误了卿卿性命"是对王熙凤的判词。王熙凤是荣国府"公司"的"总经理"，且有天才的管理能力，里里外外管理得有条不紊，"董事长"贾母很欣赏她，很高兴。但王熙凤总自以为聪明，秦可卿死前曾托梦给她，让她别被眼前的世俗繁华的假象迷惑，终归"公司"要败落，还告诉她让她置办一些后路，以防将来"公司"败落时这些子弟好有个着落，能承续香火。结果，王熙凤准备后路的套路有些不地道，将发给那些婆子丫鬟小姐的月钱拿去放贷，甚至私吞那些盈利。后来抄家的时候，从王熙凤屋子里翻出大量钱物。王熙凤把钱看得太重了，心里特别纠结，钱没了，她也没活头了，最后就病死了。这就是"聪明反被聪明误"的典型。

到什么山唱什么歌

自古以来，中国人说话十分注重对不同对象、在不同场合，如何把话说好，既有利于自己又不得罪人，既使自己有面子又能给对方留面子，这里面的学问可大了。经过长期的演化、提炼，人们把汉字会意、多义、有趣的神奇特点运用到说话上，已到了炉火纯青的境地。

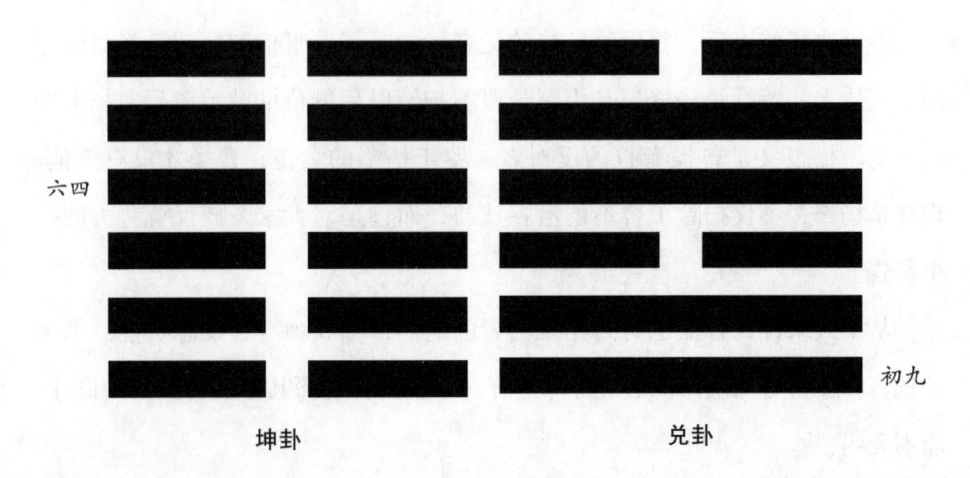

六四

坤卦　　　　　　　兑卦　　初九

《周易·坤卦·六四》中说:"括囊,无咎无誉。"意为有时要像扎紧袋子一样封住自己的嘴,不要乱说,尽管得不到赞誉,小心谨慎就没有灾祸。《周易·兑卦·初九》中说:"和兑,吉。"这些卦爻辞所要表达的就是能以和悦的态度与人交流说话,谨言慎行,避免无妄之灾。

有一种人运用"原则"二字来体现说话技巧,"原则同意",这样说在表达意见上留有很大的回旋余地,意义深远。潜台词是:我有异议,但现在不说。至于何时说、怎么说,一切均要看情况的发展再说。如果事情做得好,"原则同意"就理解成同意;如果事情做得不好,"原则同意"就是部分同意或不同意。这个词,往好里说就是说话的艺术,往坏里说就是打官腔,逃避责任。而"同意"就是完全同意,出了什么事情,责任必须由说同意的人来承担,没有回旋的余地。

"原则上",这是我们常常听到的一个词。比如,某领导强调:"明天的会议很重要,原则上不准请假。"又如,此广场原则上禁止停放机动车。你看看,既然是原则问题,那还有什么好说的?潜台词却是:虽然"原则上",但特殊情况可以通融。本来"原则"就是无一例外、不折不扣地严格执行和必须遵守的依据和标准,"原则"一旦与"上"联合,变成"原则上",意思就变得非常暧昧、微妙,令人费解。认真琢磨起来,"原则上"真正要表达的是"一般性"与"特殊性"的问题。

这就是中国人的思维习惯和说话风格,既要把话说得很严肃,显示一种权威,又要体现出灵活性;既要讲得委婉,又要使你听得明白。如果不说"原则上"三个字,则要把话说成:"明天的会议很重要,不能缺席,但如有特殊情况,需要请假,可酌情考虑。"这样说太累赘、太直白、太没韵味,一点也不像中国人说话的风格。

人们常常会用善意的谎言来化解尴尬和矛盾。曾仕强先生说:"中国人绝对不撒谎,但是常常不讲实在话,这也是一阴一阳之谓道。老实讲,有了这个智慧,会受益匪浅。如果存心欺骗,那就得不到好结果的。我们不说实在话，出发点是希望对方不要生气，是为了尊重对方，要把这个跟撒谎分开来。"

在苏州园林狮子林里有个真趣亭，其牌匾是当年乾隆皇帝亲笔题写的。乾隆特别喜欢狮子林的假山，一次他玩到兴头上时，不假思索地写下了"真有趣"三个字，写完后问别人写得怎么样。随从都知道这三个字写得还算不错，但意思太直白、太普通，有失水准，若说"好"未免太假，若说"不好"那可是要掉脑袋的。这时，旁边的一个状元计从中来，他直夸皇上字写得好，并且求皇上将"有"字赐给他。乾隆皇帝也不傻，遂高高兴兴地把中间的"有"字赏赐出去。这样一来，"真趣"两个字格外雅致，皇上也倍有面子，而状元捧得皇上御笔回家自然也是皇恩浩荡，光宗耀祖。这是会讲话的例子，结果是皆大欢喜。

据说有一次，纪晓岚陪乾隆皇帝钓鱼。纪晓岚钓的鱼是一条接着一条，而乾隆一条也没钓到。乾隆问："朕怎么就钓不到鱼呢？"纪晓岚想，怎么说呢？就说："凡鱼怎敢见天子？万岁主要钓龙。"于是，龙颜大悦。从古至今，语言一直是一门艺术，老话说：嘴上带尺，脚下有路。

有一次，乾隆皇帝下江南到扬州，钓瘾又上来了，就开钓，钓得很开心，不时有收获。钓了一会儿，他就问："你们这里有几种鱼啊？"旁边有几个卖盐的大商人，卖盐的都喜欢夸海口："启禀皇上，我们这里的鱼少说也有几百种。"乾隆说："那就怪了，我钓了半天，只钓到一种鱼。"众人一听吓坏了，欺君之罪是要杀头的。这时，有个人站出来说："启禀皇上，几百种鱼当中，只有一种鱼敢上你的钩啊，其他鱼都吓跑了，不敢上你的钩呢。"乾隆说："听起来有点道理。"这样一来，就没有人被砍头了。乾隆心里明白得很，既然是快乐地钓鱼，用不着搞得杀气腾腾。其实，这些话都不是欺骗，这些话是尊重的意思。

中国人只讲妥当的话，心里是真真实实、诚诚恳恳的，嘴上则完全是随机应变的。听中国人讲话,要听他嘴上那句话,更要听他心里那句话,这就是所谓的"听话听声,锣鼓听音"。

有三个年轻人相约一起去寺庙当和尚,跪在那里等大法师出来剃度。大法师问第一个人:"你为什么要来做和尚?"那个人说:"我爸爸叫我来的。"你看,回答得很清楚。大法师当头就是一棒,说道:"这么重大的事情,自己不考虑,你爸爸叫你来,你就来啊!你后悔了怎么办?"大法师去问第二个人:"你为什么要来当和尚?"年轻人一听"爸爸叫我来"的要挨打,就说:"我自己要来的。"结果被打得更凶。大法师说:"这么重大的事情,不跟爸爸商量就来了,回头你爸爸跟我要儿子怎么办?"大法师再问第三个人,年轻人一看,心想:爸爸要我来的,要挨打;自己要来的,也要挨打,干脆不作声好了。结果又是一顿打。大法师说:"这么重大的事情,想都不想就来了,太随意了。"这时,小和尚来报,说门外又来一人要当和尚。大法师示意让他进来,并问了同样的问题。这个人说:"我受到大法师的感召,我爸爸也想叫我来,我自己也愿意,好像佛祖也有那么个意思。"大法师一听,觉得蛮舒服的,怎么都打不下去了。其实,第四个人躲在门外听了半天,看这也不行,那也不行,心想:那就先把你的"老板"搬出来,再面面俱到说一通,看你还怎么下得了手。果不其然,结果是如愿以偿。

中国人的语言,有时简单明了,有时高深莫测;有时直白了当,有时云遮雾罩。还有的是你知我知,只能意会,不可言表。

有一个段子,讲的是测试外国人汉语水平的题目,请听下面一段对话:

小易给上司送礼。上司:"你这是什么意思"。小易:"没什么意思,就是意思意思。"上司:"你这就不够意思了。"小易:"一点小意思。"上司:"你这人真有意思。"小易:"其实也没有别的意思。"上司:"意思我心领了,这个意思你得拿回去。"小易:"弄得我不好意思了,您也真不够意思。"问:请解释上述对话中每个"意思"的意思。老外看到这个题,立马晕眩,丈二和尚摸不着头脑，自言自语道："这里面说的'意思'到底是什么意思？"

对中国人的这种易经思维模式和语言智慧，诸位是不是觉得别具一格，很有意思呢？

后　　记

　　我的《每周学一个易经故事》一书出版后，我有些意犹未尽。一些与《易经》有关的东西时常在脑海中浮现，特别是我看到人们在日常生活中、在日常交往时，总是那么熟练地运用易经思维，信手拈来，毫不费力，就像吃饭时，使用筷子那样自如、妥帖。《易经》经过数千年的流传，它的思想、原理已深深地扎根于人们的头脑中，已融入中国人的血液。于是，我产生了一个想法，将人们平时不太经意的易经思维提炼出来，进行归纳分析，这是一件很有意义的事情，很值得试一试。

　　对"我们身边的易经思维"这样一个课题，如何去提炼？怎样来归纳？用一种什么方式进行分析？我思考了相当长的时间，最终确定以现在这样的形式呈现给读者。为了更多体现"日用"和"身边"的易经思维，本书列举和剖析了大量经典故事，使读者有更直观的理解和感受。如果先读过《每周学一个易经故事》一书，对《易经》卦爻有一个基本的了解，在读本书时就会更顺畅一些。

　　本书的写作，参考了南怀瑾先生、曾仕强先生、刘大钧先生、张其成先生、郦波先生、寇方墀女士等相关著作，还参考了网络上有关文章。

　　如果将易经思维比作浩瀚的大海，本书也仅仅是从大海中采撷了十五朵浪花，希望能触摸到大海跳动的脉搏，感受到小小的浪花卷起的智慧波浪。

　　本书的创作过程得到了易学专家及学者朋友的指导，也得到了身边许多朋友的支持和鼓励，唐小军先生为本书签题了书名，在此一并表示衷心的感谢！特别要感谢奕博老师的精心指导和帮助！